"十个明确"
彰显马克思主义中国化新飞跃述评

新华通讯社 ◎ 编著

人民出版社
新华出版社

图书在版编目（CIP）数据

"十个明确"彰显马克思主义中国化新飞跃述评 / 新华通讯社编著.
-- 北京：新华出版社，2022.3（2025.2重印）
ISBN 978-7-5166-6236-6

Ⅰ.①十… Ⅱ.①新… Ⅲ.①习近平新时代中国特色社会主义思想-学习参考资料 Ⅳ.①D610.4

中国版本图书馆CIP数据核字（2022）第052798号

"十个明确"彰显马克思主义中国化新飞跃述评

编　　著：新华通讯社

出 版 人：匡乐成　　　　　　　　　　　选题策划：匡乐成　许　新
责任编辑：赵怀志　李　宇　林郁郁　　　封面设计：刘宝龙

出版发行：人民出版社、新华出版社
地　　址：北京石景山区京原路8号　　　邮　　编：100040
网　　址：http://www.xinhuapub.com
经　　销：新华书店、新华出版社天猫旗舰店、京东旗舰店及各大网店
购书热线：010 - 63077122　　　　　　　中国新闻书店购书热线：010 - 63072012

照　　排：六合方圆
印　　刷：大厂回族自治县众邦印务有限公司

成品尺寸：170mm×240mm
印　　张：15　　　　　　　　　　　　　字　　数：130千字
版　　次：2022年8月第一版　　　　　　印　　次：2025年2月第二次印刷
书　　号：ISBN 978-7-5166-6236-6
定　　价：48.00元

版权专有，侵权必究。如有质量问题，请与出版社联系调换：010-63077124

出版说明

习近平新时代中国特色社会主义思想是当代中国马克思主义、二十一世纪马克思主义，是中华文化和中国精神的时代精华，实现了马克思主义中国化新的飞跃。

党的十九届六中全会审议通过《中共中央关于党的百年奋斗重大成就和历史经验的决议》，以"十个明确"对习近平新时代中国特色社会主义思想的核心内容进行了系统概括。自2022年2月13日起，新华社连续播发系列述评"'十个明确'系列谈"，深入阐述"十个明确"的精神实质和丰富内涵，全面展现习近平新时代中国特色社会主义思想蕴含的原创性贡献。

为便于广大党员领导干部深入学习领会"十个明确"的精神实质和丰富内涵，我们以新华社上述系列述评报道为基础，并随文配设新华社公开播发的图片图表数十幅，编辑出版了《"十个明确"彰显马克思主义中国化新飞跃述评》一书。

本书导向正确、内容权威、图文并茂、通俗易懂，可以作为广大党员干部理论学习的参考读物。

目录 Contents

党政军民学，东西南北中，党是领导一切的
——"十个明确"彰显马克思主义中国化新飞跃述评之一 / 2

"党中央是坐镇中军帐的'帅'，车马炮各展其长，一盘棋大局分明" / 5

"坚持和完善党的领导，是党和国家的根本所在、命脉所在，是全国各族人民的利益所在、幸福所在" / 11

"党中央必须有定于一尊、一锤定音的权威" / 18

"中国特色社会主义道路越走越宽广"
—— "十个明确"彰显马克思主义中国化新飞跃述评之二 / 22

彪炳史册的伟大飞跃:

"党和国家事业取得历史性成就、发生历史性变革,彰显了中国特色社会主义的强大生机活力" / 25

深植国情的道路选择:

"我们建设的现代化必须是具有中国特色、符合中国实际的" / 31

矢志复兴的奋进宣言:

"我们正在此前发展的基础上续写全面建设社会主义现代化国家新的历史" / 37

3 "人民对美好生活的向往,就是我们的奋斗目标"
—— "十个明确"彰显马克思主义中国化新飞跃述评之三 / 42

破解发展问题的根本立足点:

"新时代我国社会主要矛盾是人民日益增长的美好生活需要和不平衡不充分的发展之间的矛盾" / 45

推动党和国家事业进步的根本遵循:

"坚持以人民为中心的发展思想" / 49

奋进新时代的坚定追求:

"推动人的全面发展、全体人民共同富裕取得更为明显的实质性进展" / 56

"继续把这篇大文章写下去"
——"十个明确"彰显马克思主义中国化新飞跃述评之四 / 60

完善总体布局:

"中国特色社会主义是全面发展的社会主义" / 63

形成战略布局:

"中国在新的历史条件下治国理政方略" / 68

再启历史新局:

"我们已经走出一条光明大道,我们要继续前行" / 74

目录

 **"让我们的制度成熟而持久"**
——"十个明确"彰显马克思主义中国化新飞跃述评之五 / 78

"制度优势是一个国家的最大优势" / 81

"我国国家制度和国家治理体系管不管用、有没有效,实践是最好的试金石" / 86

"只要我们沿着这条道路继续前进,就一定能够实现国家治理体系和治理能力现代化" / 92

"法治兴则国兴,法治强则国强"
—— "十个明确"彰显马克思主义中国化新飞跃述评之六 / 96

依法治国是党领导人民治理国家的基本方略:

"没有全面依法治国,我们就治不好国、理不好政,我们的战略布局就会落空" / 99

国家治理体系的应有之义:

"坚持和完善中国特色社会主义法治体系,更好发挥法治对改革发展稳定的引领、规范、保障作用" / 104

为新时代法治中国建设标定航向:

"全面推进依法治国是一项庞大的系统工程,必须统筹兼顾、把握重点、整体谋划,在共同推进上着力,在一体建设上用劲" / 109

 **"在推动高质量发展上闯出新路子"**
——"十个明确"彰显马克思主义中国化新飞跃述评之七 / 114

夯实制度根基:

"发展社会主义市场经济是我们党的一个伟大创造,关键是处理好政府和市场的关系" / 117

坚持思想引领:

"高质量发展就是体现新发展理念的发展,是经济发展从'有没有'转向'好不好'" / 123

重塑未来格局:

"这是把握未来发展主动权的战略性布局和先手棋" / 129

"建设一支听党指挥能打胜仗作风优良的人民军队"
——"十个明确"彰显马克思主义中国化新飞跃述评之八 / 134

"这个梦想是强国梦,对军队来说,也是强军梦" / 137

"坚持党对军队绝对领导是强军之魂,铸牢军魂是我军政治工作的核心任务,任何时候都不能动摇" / 143

"全面提高捍卫国家主权、安全、发展利益的战略能力,更好履行新时代人民军队使命任务" / 149

"牢牢把握服务民族复兴、促进人类进步这条主线"
—— "十个明确"彰显马克思主义中国化新飞跃述评之九 / 154

统筹国内国际两个大局:
"要胸怀两个大局,一个是中华民族伟大复兴的战略全局,一个是世界百年未有之大变局,这是我们谋划工作的基本出发点" / 157

践行新型国家相处之道:
"相互尊重、公平正义、合作共赢" / 163

携手开辟人类光明前景:
"构建人类命运共同体" / 169

"我们只有勇于自我革命才能赢得历史主动"
—— "十个明确"彰显马克思主义中国化新飞跃述评之十 / 176

作答强党之问：
"办好中国的事情，关键在党，关键在坚持党要管党、全面从严治党" / 179

求索大党之治：
"探索出一条长期执政条件下解决自身问题、跳出历史周期率的成功道路" / 183

迎接新的赶考：
"确保党不变质、不变色、不变味" / 190

让当代中国马克思主义放射出更加灿烂的真理光芒
——"十个明确"彰显马克思主义中国化新飞跃 / 196

"坚定不移走这条道路、与时俱进拓展这条道路,推动中国特色社会主义道路越走越宽广" / 199

"全面建成社会主义现代化强国的目标一定能够实现,中华民族伟大复兴的中国梦一定能够实现" / 205

"我们探索出一条长期执政条件下解决自身问题、跳出历史周期率的成功道路" / 211

"置身这一历史巨变之中的中国人更有资格、更有能力揭示这其中所蕴含的历史经验和发展规律,为发展马克思主义作出中国的原创性贡献" / 217

① 党政军民学，东西南北中，党是领导一切的

—— "十个明确"彰显马克思主义中国化新飞跃述评之一

穿越百年历史风云，一个真理昭示未来：没有中国共产党，就没有新中国，就没有中华民族伟大复兴。

《中共中央关于党的百年奋斗重大成就和历史经验的决议》系统总结习近平新时代中国特色社会主义思想核心内涵，将党的领导置于"十个明确"的首位——

中国特色社会主义最本质的特征是中国共产党领导，中国特色社会主义制度的最大优势是中国共产党领导，中国共产党是最高政治领导力量，全党必须增强"四个意识"、坚定"四个自信"、做到"两个维护"。

这一重大论断，深刻揭示党的领导与中国特色社会主义的相互关系，标志着我们党对马克思主义建党学说和社会主义发展规律的认识达到新的高度。

风雨不动安如山，赖有砥柱立中流。

毫不动摇坚持和加强党的全面领导，巍巍中国号巨轮就有了应对一切风险挑战的坚定自信和强大底气。

党中央

——是坐镇中军帐的『帅』

车马炮各展其长

一盘棋大局分明

"党中央是坐镇中军帐的'帅',车马炮各展其长,一盘棋大局分明"

2022年1月6日,北京中南海。

中共中央政治局常委会全天召开会议,习近平总书记主持,听取全国人大常委会、国务院、全国政协、最高人民法院、最高人民检察院党组工作汇报,听取中央书记处工作报告。

近年来,党中央每年听取"五大班子"的工作汇报和中央书记处工作报告,已成为加强和维护党中央集中统一领导的重要制度安排。

党的领导权问题是马克思主义建党学说的重大问题。曾有一段时间,党内存在对坚持党的领导认识模糊、行为乏力,党的领导弱化、虚化、淡化、边缘化等问题。习近平总书记以马克思主义政治家的历史自觉和雄韬伟略,正本清源、一锤定音。

"必须加强和改善党的领导,充分发挥党总揽全局、协调各方的领导核心作用"。

2012年11月17日,刚刚当选中共中央总书记的习近平在主持十八届中央政治局第一次集体学习时,就对坚持党的领导提出明确要求。

强调"党政军民学,东西南北中,党是领导一切的";

提出"坚持和完善党的领导,是党和国家的根本所在、命脉所在,是全国各族人民的利益所在、幸福所在";

指出"党的领导必须是全面的、系统的、整体的,必须体现到经济建设、政治建设、文化建设、社会建设、生态文明建设和国防军队、祖国统一、外交工作、党的建设等各方面";

明确"加强党对一切工作的领导的要求不是空洞的、抽象的,要在各方面各环节落实和体现";

……

在深刻总结中国共产党执政经验基础上,习近平总书记第一次从党的领导角度阐释中国特色社会主义质的规定性,创造性阐明党的领导的重要意义和基本要求,将马克思主义建党学说提升到新的境界。

2017年金秋,中国共产党第十九次全国代表大会上,"中国共产党的领导是中国特色社会主义最本质的特征，是中国特色社会主义制度的最大优势"这一重大论断被载入党章。

"中国共产党领导是中国特色社会主义最本质的特征"于次年写入宪法。

在这次继往开来的大会上，习近平总书记明确提出"坚持和加强党的全面领导"。

不仅"坚持"，还要"加强"；不仅是党的"领导"，更是党的"全面领导"。

9年多来，一系列基础性、创制性、战略性举措相继出台，确保党始终引领复兴巨轮沿着正确航向破浪前行。

党的领导制度体系不断完善——

在国家制度和国家治理体系中，党是决定整个系统运行的关键。

2019年10月31日下午，人民大会堂，党的十九届四中全会胜利闭幕。

全会通过的《中共中央关于坚持和完善中国特色社会主义制度、推进国家治理体系和治理能力现代化若干重大问题的决定》，把党的领导制度明确为我国根本领导制度，并作出一系列重大部署，牢牢抓住国家治理的关键和根本。

全面深化改革、全面依法治国、财经、外事工作、国家安全、网络安全和信息化……习近平总书记亲自担任中央一系列顶层机构负责人，全面加强党对重大工作的领导。

《深化党和国家机构改革方案》着眼于把党作为最高政治领导力量的地位和作用进一步制度化，调整重组优化数十个部门，党和国家组织结构和管理体制实现系统性、整体性重构。

全面完成央企集团"党建入章"，不断健全各高校党委领导下的校长负责制，逐步实现公立中小学、医院、科研院所党组织领导下的校（院、所）长负责制……党的领导贯彻和融入各领域各方面工作之中，推动党的领导制度纵到底、横到边，落实落地。

党的领导方式更加科学——

2020年8月，内蒙古达拉特旗蒲圪卜村干部李电波以"云帆"网名留下"互助性养老"建议。这一建议之后被写入"十四五"规划建议，并化为规划纲要的具体举措。

开门问计、充分审议、科学决策……在五年规划编制史上第一次开展"网络问策"，"十四五"规划建议编制工作诠释的正是民主集中的真谛。

把党的领导与发扬社会主义民主统一起来，把中国共产党执政与广大人民群众有序政治参与结合起来，坚持科学执政、民主执政、依法执政，党的领导方式日臻健全，推动党的领导不断加强和改善。

横空大气排山去，砥柱人间是此峰。

拥有9500多万名党员480多万个基层党组织的中国共产党，在党中央的坚强领导下，团结成"一块坚硬的钢铁"，步调一致向前进。

如身使臂，如臂使指。放眼新时代中华大地，党中央坐镇中军帐、车马炮各展其长的生动画卷徐徐铺展。

坚持和完善党的领导

是党和国家的根本所在、命脉所在

是全国各族人民的利益所在、幸福所在

"坚持和完善党的领导，是党和国家的根本所在、命脉所在，是全国各族人民的利益所在、幸福所在"

"群芳吐艳普天同庆春光好　百姓脱贫遍地常怀党泽深"——火红的春联映衬着瑞雪，山西临汾汾西县僧念镇段村村民蔡文明，2022年春节前夕迎来了前来考察的习近平总书记。

餐桌上是香喷喷的红烧肉、酥肉、丸子，锅里正炖着热气腾腾的羊肉，储藏室里粮食蔬菜储备充足……向习近平总书记说起脱贫后的变化，蔡文明感叹："我们赶上了好时代，都是托共产党的福、托总书记的福。"

"共产党就是给人民办事的，就是要让人民的生活一天天好起来，一年比一年过得好。"总书记说。

登高一呼群山应，从此神州不陆沉。在历史洪流的激荡中，中国共产党始终立于时代潮头、挺起民族脊梁，成为领航亿万人民奋勇前进的坚强领导核心。

党的十八大以来，以习近平同志为核心的党中央立足新的历史方位，把握发展大势、引领时代潮流，团结带领全党全国各族人民在中华大地上全面建成小康社会、胜利实现第一个百年奋斗目标，又乘势而上开启全面建设社会主义现代化国家新征程。9年多来的原创性思想、变革性实践、突破性进展、标志性成果，为实现中华民族伟大复兴提供了更为完善的制度保证、更为坚实的物质基础、更为主动的精神力量。

办好中国的事情，关键在党。中国特色社会主义制度具有多方面显著优势，其中中国共产党领导是最大优势，是其他方面优势得以存在和发挥作用的根本保证。

山雄有脊，房固赖梁。党的坚强领导，让我们有了艰难险阻前最坚固的顶梁柱——

当第一缕和煦的阳光洒向大地，黑龙江上升村第一书记王路来到被台风洗劫后的玉米田，带领村民一穗一穗掰着躺在地上的玉米；贵州坡头村第一书记刘恭利，正挨家挨户推广易地扶贫搬迁政策……

说起这些拍摄中目睹的真实案例，电影《我们是第一书

★ 在武汉一家影城，观众从电影《我们是第一书记》海报旁走过（2021年12月3日摄）。（新华社发 伍志尊摄）

记》导演任杰红了眼眶：脱贫攻坚战中，先后有300多万第一书记和驻村干部奋战在一线，有的甚至将生命永远定格在为之奋斗的土地上，"这就是中国的力量"！

一声令下，尽锐出战。直面脱贫这个世纪难题，中国共产党遍布全国各地的基层党组织和第一书记、驻村干部以及广大乡村干部，充分发挥战斗堡垒作用和先锋模范作用，带领群众攻克了一个又一个贫中之贫、坚中之坚。

只有在中国特色社会主义制度下，脱贫攻坚才能取得全面胜利；只有在中国共产党领导下，我们才能创造出世界上任何政治力量都不可能创造的人间奇迹！

淬火成钢，党旗高扬。党的坚强领导，让我们有了风雨来袭时最可靠的主心骨——

己亥之末，庚子之初，新冠肺炎疫情突然袭来。

面对这场百年来全球最严重的传染病大流行，习近平总书记亲自指挥、亲自部署，秉持人民至上、生命至上理念，总揽全局、运筹帷幄，领导全国人民迅速打响了疫情防控的人民战争、总体战、阻击战。

从果断拍板关闭离汉通道，到一声令下三军齐发，全党行动、全国动员……在这场气壮山河的斗争中，以习近平同志为核心的党中央坚强领导的"定海神针"作用充分体现，习近平新时代中国特色社会主义思想的真理伟力充分彰显。

应对尖锐复杂的"四大考验""四种危险"，以前所未有的勇气和定力推进党风廉政建设和反腐败斗争，管党治党宽松软状况得到根本扭转；面对香港局势一度出现的严峻局面，审时度势果断决策，推动实现由乱到治的重大转折；统筹中华民族伟大复兴战略全局和世界百年未有之大变局，有理有利有节应对外部势力挑战，坚决维护自身利益……

回望大战、回顾大考，人们更加深切感到，中国共产党所具有的无比坚强的领导力，是风雨来袭时中国人民最可靠的主心骨。

稳舵定向，乘风破浪。党的坚强领导，让我们有了奋进

1 党政军民学，东西南北中，党是领导一切的

★ 2022年2月4日晚，第二十四届冬季奥林匹克运动会开幕式在北京国家体育场举行。（新华社记者李尕摄）

航程中最稳健的压舱石——

2022年2月4日晚，采自古奥林匹亚的火种映照北京夜空，北京成为全球首个"双奥之城"，奋进的中国与古老的奥林匹克再度携手前行。

冬奥之约，中国之诺。

这是新冠肺炎疫情发生以来首次如期举办的全球综合性体育盛会，这是对"更快、更高、更强——更团结"奥林匹克格言的成功实践。

"世界期待中国，中国做好了准备。"

中国能，因为中国共产党能！在百年变局和世纪疫情交

织背景下点燃冰雪运动火炬,彰显出中国共产党非凡的治理效能和制度优势。

充分发挥中国共产党领导这一中国特色社会主义最大优势,神州大地大潮奔涌,气象万千。

党中央必须有定于一尊、一锤定音的权威

"党中央必须有定于一尊、一锤定音的权威"

"党确立习近平同志党中央的核心、全党的核心地位,确立习近平新时代中国特色社会主义思想的指导地位,反映了全党全军全国各族人民共同心愿,对新时代党和国家事业发展、对推进中华民族伟大复兴历史进程具有决定性意义。"

党的十九届六中全会以历史决议形式作出这个重大政治论断,向全党全国发出号召:更加紧密地团结在以习近平同志为核心的党中央周围!

万山磅礴,必有主峰。

确立和维护领导核心,始终是马克思主义建党学说的基本观点。在马克思、恩格斯看来,工人阶级政党如果不与中央委员会加强联系,就会丧失"自己唯一巩固的支柱";在列宁心中,"党的中央机关成为拥有广泛的权力、得到党员普遍信任的权威性机构",党才能履行自己的职责。

当红色火种在华夏大地点燃,人们从贵州遵义小楼明亮的油灯中、从改革开放的春风里愈发清晰地认识到,拥有了核心,就拥有了从胜利走向胜利的法宝;捍卫了核心,就捍卫了马克思主义政党的优势所在。

党的十八大以来,习近平总书记以"我将无我,不负人民"的赤胆忠心,引领中国号巨轮涉险滩、战恶浪,推动党和国家事业取得历史性成就、发生历史性变革,成为众望所归、当之无愧的党的核心、人民领袖、军队统帅。

当前,中华民族伟大复兴进入关键时期。越是接近目标,越是任务艰巨,越要把"两个维护"作为党的最高政治原则和根本政治规矩。

——拥护核心、捍卫核心,就要不断加强党的政治建设。

"不善于从政治上观察和处理问题""学习和贯彻落实间的'温差'仍然存在"……岁末年初,一场场党史学习教育专题民主生活会动真碰硬、辣味十足,让不少党员干部红了脸、出了汗。

政治上的主动是最有利的主动,政治上的被动是最危险的被动。党的政治建设的首要任务,就是保证全党服从中央,坚持党中央权威和集中统一领导,绝不能有丝毫含糊和动摇。

置身新时代中国特色社会主义伟大实践,全党上下更加深刻认识到：维护习近平总书记核心地位，就是维护党中央权威和集中统一领导；维护党中央权威和集中统一领导，首先要维护习近平总书记核心地位。

——拥护核心、捍卫核心，就要自觉做习近平新时代中国特色社会主义思想的坚定信仰者、忠实实践者。

聆听讲话、研读文件、探讨交流……冬日清晨，中央党校（国家行政学院）校园内处处可感学习、思考、求索的热潮。

2022年1月11日至14日，省部级主要领导干部相聚党的最高学府，认真学习习近平总书记重要讲话和党的十九届六中全会精神，进一步统一思想、明确方向。

从"关键少数"入手，从理论武装抓起。全党上下深入学习党的创新理论的过程，就是向党中央看齐的过程，就是不断夯实"两个维护"思想根基的过程。

——拥护核心、捍卫核心，就要在各项工作中坚决贯彻落实习近平总书记重要指示要求和党中央决策部署。

2022年1月24日，习近平总书记主持中共中央政治局集体学习，主题是一场事关我国未来发展的重大变革——"努力实现碳达峰碳中和目标"。

有关部委积极构建碳达峰、碳中和"1+N"政策体系；各地把绿色低碳、数字化转型作为推动高质量发展"关键词"；广大民众积极践行低碳生活……华夏大地奏响绿色发展的时代乐章。

把拥护核心落实在担当实干的具体工作中，把捍卫核心体现在履职尽责的实际成效上。各地区各部门牢记总书记嘱托，胸怀"国之大者"，不断与党中央要求对标对表，推动各项事业日新月异，呈现崭新局面。

星汉灿烂，北斗指航；沧海横流，砥柱巍然。

在以习近平同志为核心的党中央领航掌舵下，毫不动摇坚持和加强党的全面领导，中华民族一定能团结一致、劈波斩浪，胜利到达民族复兴的光辉彼岸。

（新华社北京2022年2月13日电　新华社记者林晖、胡浩、丁小溪、高蕾）

❷ "中国特色社会主义道路越走越宽广"

——"十个明确"彰显马克思主义中国化新飞跃述评之二

思想的光芒，总能穿透历史烟云，点亮未来征途。

"明确坚持和发展中国特色社会主义，总任务是实现社会主义现代化和中华民族伟大复兴，在全面建成小康社会的基础上，分两步走在本世纪中叶建成富强民主文明和谐美丽的社会主义现代化强国，以中国式现代化推进中华民族伟大复兴"。

翻开《中共中央关于党的百年奋斗重大成就和历史经验的决议》，"十个明确"中的这一重要论述，是习近平新时代中国特色社会主义思想核心内涵的重要方面。

积蓄百年伟力，起笔复兴新篇。乘势而上开启全面建设社会主义现代化国家新征程，向着中华民族伟大复兴的光辉彼岸砥砺进发，以习近平同志为核心的党中央带领人民在中国特色社会主义道路上越走越光明、越走越宽广。

彪炳史册的伟大飞跃

"党和国家事业取得历史性成就、发生历史性变革,彰显了中国特色社会主义的强大生机活力"

彪炳史册的伟大飞跃:"党和国家事业取得历史性成就、发生历史性变革,彰显了中国特色社会主义的强大生机活力"

沐浴着虎年的阳光,开通不久的赣深高铁上,一列列火车飞驰而过。

赣州,深圳。道路的两端意味深长:一端是见证中国共产党带领人民探索革命道路的红色热土,一端是肩负"中国特色社会主义先行示范区"新使命的创新热土。

仿佛一种隐喻,两个具有标志意义的地点,勾勒出一个矢志复兴的民族不懈奋进的历史曲线。

"一百年来,中国共产党团结带领中国人民进行的一切奋斗、一切牺牲、一切创造,归结起来就是一个主题:实现中华民族伟大复兴。"习近平总书记的论述坚定豪迈、发人深省。

★ 2021年12月10日,深圳北站工作人员在赣深高铁深圳北站开往南昌西站的首班列车前留影。(新华社记者毛思倩摄)

党的十八大以来,中国特色社会主义进入新时代。这是我国发展新的历史方位。

新时代坚持和发展什么样的中国特色社会主义、怎样坚持和发展中国特色社会主义?

围绕关系全局的历史性变化,以习近平同志为核心的党中央把握大势、总揽全局,为坚持和发展中国特色社会主义明确清晰的任务书、时间表、路线图:

提出并深刻阐述"中国梦",强调必须坚定不移坚持和发展中国特色社会主义;

明确坚持和发展中国特色社会主义,总任务是实现社会主义现代化和中华民族伟大复兴；

从全面建成小康社会到基本实现现代化，再到全面建成社会主义现代化强国，明确新时代中国特色社会主义发展的战略安排；

"坚持党对一切工作的领导""坚持以人民为中心"……"十四个坚持"构成新时代坚持和发展中国特色社会主义的基本方略；

……

在深刻思考和不懈求索中，以习近平同志为主要代表的中国共产党人，从理论和实践结合上作出系统回答。

新矛盾呼唤新变革。以新发展理念为指导，一场关系中国发展全局的深刻变革就此开启——

"地下煤海"，鄂尔多斯。

走进伊金霍洛旗江苏工业园区的远景现代能源装备产业园，热火朝天的建设景象映入眼帘。

2014年、2019年，习近平总书记两次考察内蒙古；2018年起，全国两会期间，他连续4年来到所在的全国人大内蒙古代表团参加审议，提出要把现代能源经济这篇文章做好，要求探索以生态优先、绿色发展为导向的高质量发展新路子。

鄂尔多斯、包头、乌海……遵循指引，牢记嘱托，推动质量变革、效率变革和动力变革，在重塑中激发源原动力。

"把握新发展阶段、贯彻新发展理念、构建新发展格局",习近平总书记审时度势,谋划长远。

黄浦江畔,上海浦东探路社会主义现代化建设引领区;

南海,琼州海峡南岸,海南"启航"中国特色自由贸易港;

雄安新区,承接北京非首都功能和建设同步推进……

放眼神州,长江、黄河两大母亲河发展新战略,南水北调、西气东输、西电东送、青藏铁路四大工程,京津冀、粤港澳、长三角三大新增长极……宏阔格局、万千气象,正是马克思主义中国化新飞跃的时代注脚。

★ 图为2021年12月5日清晨在海南洋浦经济开发区拍摄的海南自贸港建设重要的集装箱航运枢纽——洋浦国际集装箱码头(无人机照片)。(新华社记者蒲晓旭摄)

新时代大潮涌起，推动中国特色社会主义迈向新阶段——

经济实力、科技实力、综合国力和人民生活水平跃上新的台阶，稳居世界第二大经济体；全面建成小康社会，历史性地解决绝对贫困问题，向着共同富裕的目标稳步前进……

"我们能够创造出人类历史上前无古人的发展成就，走出了正确道路是根本原因。"习近平总书记深刻指出。

今日之中国，以自信自强的奋斗姿态宣示：

"我们坚持和发展中国特色社会主义，推动物质文明、政治文明、精神文明、社会文明、生态文明协调发展，创造了中国式现代化新道路，创造了人类文明新形态。"

深植国情的道路选择

"我们建设的现代化必须是具有中国特色符合中国实际的"

深植国情的道路选择:"我们建设的现代化必须是具有中国特色、符合中国实际的"

2022年1月29日,成都城厢站,一声汽笛响起,一列中欧班列驶出站台,开往1万余公里外的德国纽伦堡。

第5万列!新的里程碑。疫情下,中欧班列逆势而上,助力"一带一路"沿线国家共同发展,展现出中国发展的强劲脉动。

所有国家都在时间长河中航行,如何实现国家富强、人民幸福,看的就是能不能顺应时代潮流,走出一条适合国情的发展之路。

"走自己的路,是党的全部理论和实践立足点,更是党百年奋斗得出的历史结论。"习近平总书记指出。

"中国式现代化",习近平总书记凝练概括:"我国现代化是人口规模巨大的现代化,是全体人民共同富裕的现代化,是物质文明和精神文明相协调的现代化,是人与自然和谐共生的现代化,是走和平发展道路的现代化。"

"共同富裕路上,一个不能掉队。"中国走出的是一条以全体人民共同富裕为价值旨归的现代化之路——

六盘山西麓,宁夏隆德。

春节前一天,县城张灯结彩,年味浓浓。闽宁扶贫产业园内,闽商郑开煌的农用薄膜生产线仍然机器声隆隆。

帮助20多个西海固打工人在家门口圆了就业梦,已在这里度过三个春节的郑开煌倍感欣慰,"会觉得自己被需要"。

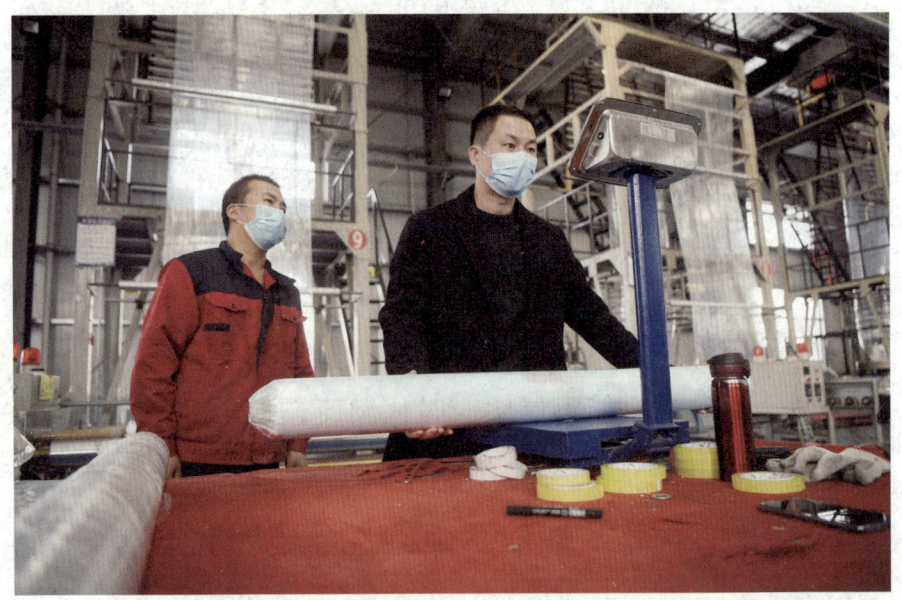

★ 2022年1月28日,闽商郑开煌(右)在位于宁夏隆德县闽宁扶贫产业园的农用薄膜生产线查看产品质量。(新华社记者王鹏摄)

2020年11月,西海固历史性告别绝对贫困,但闽宁协作并不会因此结束。

从摆脱贫困,到全面小康,再到迈向共同富裕,为民初心恒久不变。

鼓励勤劳创新致富,坚持基本经济制度,尽力而为量力而行,坚持循序渐进……习近平总书记对共同富裕的谋划,化为新时代中国的勇毅笃行。

坚持在发展中保障和改善民生,始终把推动高质量发展放在首位;

不断完善公共政策体系,把蛋糕分好,形成人人享有的合理分配格局;

脱贫攻坚取得胜利后,全面推进乡村振兴,"三农"工作重心实现历史性转移;

赋予浙江高质量发展建设共同富裕示范区、为全国探路的使命……

一步一个脚印,"撸起袖子加油干",让全体人民清晰看到共创美好生活的前景。

"物质财富要极大丰富,精神财富也要极大丰富",中国走出的是一条物质文明与精神文明协调发展的现代化之路——

除夕夜,《只此青绿》一舞惊艳神州,寓意赓续五千年的中华文脉汇入新时代澎湃洪流。

立春日，北京冬奥会开幕式上，诗情画意的中国式浪漫，让八方宾朋领略中华文化盛大气象。

"文化自信是更基本、更深沉、更持久的力量。"习近平总书记考量深远。

以"中国梦"唤醒中国人民最深厚的文化基因，确立和坚持马克思主义在意识形态领域指导地位的根本制度，以社会主义核心价值观引领文化建设，推动中华优秀传统文化创造性转化、创新性发展……

党的十八大以来，习近平总书记举旗定向，坚持把马克思主义基本原理同中国具体实际相结合、同中华优秀传统文化相结合，立民族文化之根，拓文明发展之道，用文化之火照亮民族复兴之路。

"生态兴则文明兴，生态衰则文明衰。"中国走出的是一条生态优先、绿色发展的现代化之路——

"共抓大保护，不搞大开发"，2016年1月5日，重庆，推动长江经济带发展座谈会上，习近平总书记语重心长。

沿江化工企业关改搬转，"十年禁渔"全面实施，这背后，是一场事关中华民族永续发展的深刻实践。

"绿水青山就是金山银山""保护生态环境就是保护生产力，改善生态环境就是发展生产力"……

2 "中国特色社会主义道路越走越宽广"

★ 渔政执法船队从长江武汉段江面驶过（2020年12月31日摄）。长江流域重点水域于2021年1月1日0时起正式进入"十年禁渔期"。（新华社记者程敏摄）

深邃的思考，指引美丽中国从愿景走向实景：

加快生态文明体制改革，打好污染防治攻坚战，实行最严格的生态环境保护制度，形成绿色发展方式和生活方式，努力实现碳达峰碳中和……推进生态文明建设，中国步伐坚定。

"既发展自身又造福世界。"中国走出的是一条通过合作共赢实现共同发展、和平发展的现代化之路。

-35-

矢志复兴的奋进宣言

「我们正在此前发展的基础上续写全面建设社会主义现代化国家新的历史」

矢志复兴的奋进宣言："我们正在此前发展的基础上续写全面建设社会主义现代化国家新的历史"

2022年1月,安徽省凤阳县小岗村喜迎第五年分红。至此,这个村累计分红超1000万元。

"从'户户包田'到'人人分红',见证从解决温饱到迈向振兴的乡村大变化。"昔日的"大包干"带头人严金昌,如今不禁感慨。

初心如磐,笃行致远。

"新中国成立不久,我们党就提出建设社会主义现代化国家的目标,未来30年将是我们完成这个历史宏愿的新发展阶段。"习近平总书记道出历史的经纬。

时间的车轮已驶到2022年。

★ 2022年1月26日，在安徽省凤阳县小岗村，"大包干"带头人展示自家领取的分红红包。（新华社记者曹力摄）

使命催人奋发：距离到2035年基本实现现代化，还有13年；距离到本世纪中叶建成富强民主文明和谐美丽的社会主义现代化强国，还有28年。

前路绝非坦途：我国仍处于并将长期处于社会主义初级阶段，新情况新需求不断出现，高质量发展亟待新突破；百年变局与世纪疫情交织叠加，风险挑战更趋严峻复杂。

坚持和发展中国特色社会主义是一篇大文章。

"现在，我们这一代共产党人的任务，就是继续把这篇大文章写下去。"习近平总书记说。

这是科学正确的行动指南——

2021年12月21日,马来西亚吉隆坡会展中心。

《习近平谈治国理政》第一卷马来文版首发式在此举办。150位中外人士齐聚一堂,探究中国的发展密码。

此前一个多月,中国北京。党的十九届六中全会上,党确立习近平同志党中央的核心、全党的核心地位,确立习近平新时代中国特色社会主义思想的指导地位,"对新时代党和国家事业发展、对推进中华民族伟大复兴历史进程具有决定性意义"写入党的第三个历史决议。

思想之光点亮复兴之路。不断丰富和发展的习近平新时代中国特色社会主义思想,指引新时代中国行稳致远。

这是改革创新的坚定追求——

2022年2月1日,中国空间站里,中国航天员首次在太空过春节。

"嫦娥五号"探月、"天问一号"落火……一项项大国重器,夯实中国奔向现代化的底气。

"坚持创新在我国现代化建设全局中的核心地位,把科技自立自强作为国家发展的战略支撑",党中央鲜明定调。

变化的时代,改革创新是不变的主题。

从理论创新、制度创新到实践创新,全面深化改革破障

★ 2022年1月31日正值除夕，神舟十三号航天员在遥远的太空专门发来视频，向祖国和人民送上祝福。图为指令长翟志刚拿着春联送上祝福（视频截图）。（新华社发）

开路,推进国家治理体系和治理能力现代化不断取得新成效,"中国之治"展现更加蓬勃的生机。

这是务实笃实的奋进步履——

"壬寅虎年,我们要以虎虎生威的雄风、生龙活虎的干劲、气吞万里如虎的精神,继续书写中国特色社会主义伟大事业的历史新篇章!"

2022年春节团拜会上,习近平总书记发出号召。

为人民谋幸福,为民族谋复兴,中国共产党人的初心和使命从未改变。

"回首过去,展望未来,有中国共产党的坚强领导,有全国各族人民的紧密团结,全面建成社会主义现代化强国的目标一定能够实现,中华民族伟大复兴的中国梦一定能够实现!"习近平总书记话语坚定。

(新华社北京 2022 年 2 月 14 日电 新华社记者邹伟、安蓓、樊曦、赵文君)

③ "人民对美好生活的向往，就是我们的奋斗目标"

——"十个明确"彰显马克思主义中国化新飞跃述评之三

"明确新时代我国社会主要矛盾是人民日益增长的美好生活需要和不平衡不充分的发展之间的矛盾，必须坚持以人民为中心的发展思想，发展全过程人民民主，推动人的全面发展、全体人民共同富裕取得更为明显的实质性进展"。

《中共中央关于党的百年奋斗重大成就和历史经验的决议》以"十个明确"，对习近平新时代中国特色社会主义思想核心内涵进行概括。其中，"人民"二字，重若千钧。

江山就是人民，人民就是江山。

让人民生活幸福是习近平总书记心中的"国之大者"。以习近平同志为核心的党中央着眼于新时代社会主要矛盾转化，指明解决当代中国发展主要问题的根本着力点，为推进高质量发展、创造高品质生活、不断满足人民对美好生活的向往提供重要遵循。

破解发展问题的根本立足点

"新时代我国社会主要矛盾是人民日益增长的美好生活需要和不平衡不充分的发展之间的矛盾"

破解发展问题的根本立足点:"新时代我国社会主要矛盾是人民日益增长的美好生活需要和不平衡不充分的发展之间的矛盾"

社会主要矛盾转化标注新时代的特征,也呼唤新变革。

习近平总书记在党的十九大上指出:"中国特色社会主义进入新时代,我国社会主要矛盾已经转化为人民日益增长的美好生活需要和不平衡不充分的发展之间的矛盾。"

进入新时代,经过改革开放后几十年持续快速发展,我国综合国力显著增强,稳居世界第二大经济体。同时,我国发展不平衡不充分的问题仍然突出:

发展质量和效益还不高,创新能力不够强,实体经济水平有待提高,生态环境保护任重道远,民生领域还有不少短板,社会治理还有弱项,脱贫攻坚任务艰巨……

从"高速增长"到"高质量发展",从"衣食无忧"到"高品质生活",要聚焦国情国力、人民需求变化,实现从"有没有"到"好不好"的深刻转变。

这是对发展内涵的丰富扩展,聚焦"人民日益增长的美好生活需要"——

从解决温饱到全面小康,人民群众不仅对物质文化生活提出更高要求,而且对民主、法治、公平、正义、安全、环境等方面的要求也日益增长。

2021年1月4日,广州市越秀区人民法院公开开庭审理一起高空抛物损害责任纠纷案,判决从35楼扔下矿泉水瓶导致老人受伤的孩子家长赔偿医药费、护理费等共计9万多元。这是民法典正式施行后广州首个宣判的案件。

治理"城市上空之痛";坚决制止网络暴力……作为新时代人民权利的"宣言书",民法典实施以来,不断加强公民权利保护,让经济社会运行更加有章可循。

公正司法,是维护社会公平正义的最后一道防线。

"100-1=0"——"一个错案的负面影响足以摧毁九十九个公正裁判积累起来的良好形象。执法司法中万分之一的失误,对当事人就是百分之百的伤害。"

习近平总书记提出的这一"法治公式",振聋发聩。

"努力让人民群众在每一个司法案件中感受到公平正

义。"遵循习近平总书记的重要指示，党的十八大以来，司法体制改革蹄疾步稳，一批冤错案依法纠正，司法公信力不断提升，让人民切身感受公平正义的阳光。

这是对发展标准的精准把握，人民需要始终是检验发展成效的标尺——

"把高质量发展同满足人民美好生活需要紧密结合起来，推动坚持生态优先、推动高质量发展、创造高品质生活有机结合、相得益彰。"

2021年3月7日，习近平总书记在参加十三届全国人大四次会议青海代表团审议时强调。

习近平总书记回应人民的期盼：有更好的教育、更稳定的工作、更满意的收入、更可靠的社会保障、更高水平的医疗卫生服务、更舒适的居住条件、更优美的环境……

部署深化教育体制改革；全面强化稳就业举措；明确建设健康中国的大政方针和行动纲领；坚持"房住不炒"，加快建立多主体供给、多渠道保障、租购并举的住房制度；推动形成绿色发展方式和生活方式……党的十八大以来，一项项为民举措，诠释着宗旨本色。

人民至上，使命如山。

深刻揭示并积极回应社会主要矛盾转化，新时代中国共产党人以不变的初心，展现出深厚的为民情怀和历史担当。

推动党和国家事业进步的根本遵循

「坚持以人民为中心的发展思想」

推动党和国家事业进步的根本遵循:"坚持以人民为中心的发展思想"

为什么人的问题,是检验一个政党、一个政权性质的试金石。

"中国共产党执政的唯一选择就是为人民群众做好事,为人民群众幸福生活拼搏、奉献、服务。"习近平总书记的话语坚定有力、温暖人心。

发展为了人民,为人民谋幸福的初心始终如一——

湘江之畔,广西桂林毛竹山村,当年红军战斗过的地方,如今靠着发展葡萄产业富了一方百姓。

2021年春天,习近平总书记来到村民王德利家做客。

"总书记,您平时这么忙,还来看我们,真的感谢您。"

"我忙就是忙这些事,'国之大者'就是人民的幸福生活。"

★ 图为广西桂林市全州县才湾镇毛竹山村（2021年4月25日摄，无人机照片）。（新华社记者曹祎铭摄）

一段朴实的对话，饱含着"以人民为中心"的深刻哲理、真挚情怀。

"小康不小康，关键看老乡""扎实推进乡村振兴，让群众生活更上一层楼"……总书记眼中的"幸福生活"，不仅要看经济总量，更要看百姓生活质量；不仅要看平均数，更要看大多数。

这是令人振奋的数字：

2021年，我国经济总量突破114万亿元，比上年增长8.1%；居民收入增长与经济增长基本同步；城镇新增就业1269万人……综合国力、社会生产力、人民生活水平进一步提升，发展基础更牢、条件更优、动力更足。

这是生命至上、人民至上的生动注脚：

新冠肺炎疫情来袭，"把人民群众生命安全和身体健康放在第一位"，从出生30个小时的婴儿到108岁的老人，不遗漏每一个感染者，不放弃每一个生命。

这是以人民为中心的发展思想的伟大实践：

我们实现了第一个百年奋斗目标，在中华大地上全面建成了小康社会，历史性地解决了绝对贫困问题，正在意气风发向着全面建成社会主义现代化强国的第二个百年奋斗目标迈进。

发展依靠人民，在积极发展全过程人民民主中生动体现——

2021年底，在上海长宁区虹桥街道基层立法联系点内，召开了一场由基层体育工作者、运动员、高校教师参加的座谈会，就体育法修订草案积极发表意见。

一场座谈会下来，近50条建议被详细记录，并原汁原味地反馈到国家最高立法机关。

"'开门立法'的生动实践，正是全过程人民民主真实的写照。"虹桥街道党工委书记胡煜昂说，群众的建议通过这些渠道转化为上到国家立法、下至社区治理的"金点子"。

至2021年10月，十三届全国人大常委会法工委基层立法联系点先后就126部法律草案、年度立法计划等征求基层

★ 上海长宁区虹桥街道基层立法联系点召开《中华人民共和国体育法（修订草案）》意见征询座谈会（2021年11月26日摄）。（新华社记者刘颖摄）

群众意见建议7800余条，其中2200余条意见建议被不同程度采纳吸收。

"民主不是装饰品，不是用来做摆设的，而是要用来解决人民需要解决的问题的。"习近平总书记深刻指出。

党的十八大以来，以习近平同志为核心的党中央深化对中国特色社会主义民主政治发展规律的认识，健全全面、广泛、有机衔接的人民当家作主制度体系，构建多样、畅通、有序的民主渠道，丰富民主形式，从各层次各领域扩大人民有序政治参与，使各方面制度和国家治理更好体现人民意志、保障人民权益、激发人民创造、凝聚人民力量。

3 "人民对美好生活的向往，就是我们的奋斗目标"

发展成果由人民共享，在"致广大而尽精微"中落地见效——

习近平总书记指出："以人民为中心的发展思想，不是一个抽象的、玄奥的概念，不能只停留在口头上、止步于思想环节，而要体现在经济社会发展各个环节。"

推进北方地区冬季清洁取暖，推行垃圾分类，推进畜禽养殖废弃物处理和资源化，提高养老院服务质量，规范住房租赁市场和抑制房地产泡沫，加强食品安全监管……

2016年底，事关百姓民生的"小事""身边事"成为中央财经领导小组第十四次会议的议题。

★ 图为北京市海淀区蓟门里社区一处垃圾分类投放点（2021年8月11日摄）。（新华社记者任超摄）

- 53 -

"推进北方地区冬季清洁取暖等 6 个问题，都是大事，关系广大人民群众生活，是重大的民生工程、民心工程。"习近平总书记强调。

党的十八大以来，从兜住兜牢民生底线的各项部署，到在教育、医疗、养老、住房等人民群众最关心的领域精准提供基本公共服务的明确要求，再到做好粮油肉蛋奶果蔬等保供稳价工作，无不指向"让老百姓过上好日子"。

道虽迩，不行不至；事虽小，不为不成。

人均 GDP 超过 1.2 万美元，形成世界最大规模中等收入群体；义务教育入学率接近 100%；基本医疗保险覆盖超过 13.5 亿人，基本养老保险覆盖超过 10 亿人……一幅人民幸福生活的画卷，正在新时代中国徐徐铺展。

奋进新时代的坚定追求

"推动人的全面发展全体人民共同富裕取得更为明显的实质性进展"

奋进新时代的坚定追求:"推动人的全面发展、全体人民共同富裕取得更为明显的实质性进展"

隆冬时节,浙江景宁畲族自治县毛垟乡成片的苔藓种植大棚里,村民拔草、浇水、塑型,一片忙碌。毛垟乡自2019年尝试发展苔藓种植,已形成成熟的苔藓产业链。

"乡里的苔藓产业提供了150多个就业岗位,带动100多户村民年均增收1.3万元。"毛垟乡党委书记雷晓华说。

毛垟乡的发展,正是我国坚持高质量发展、走共同富裕之路的缩影。

2021年6月,《中共中央 国务院关于支持浙江高质量发展建设共同富裕示范区的意见》发布,选取浙江省先行先试,为全国促进共同富裕探路示范。

3 "人民对美好生活的向往，就是我们的奋斗目标"

★ 在浙江省景宁畲族自治县毛垟乡苔藓种植基地的大棚内，村民为苔藓喷洒营养液（2021年2月24日摄）。（新华社记者江汉摄）

马克思、恩格斯设想，在未来社会中，"生产将以所有的人富裕为目的"，"所有人共同享受大家创造出来的福利"。

"要在新起点上接续奋斗，推动全体人民共同富裕取得更为明显的实质性进展。"习近平总书记强调。

精深的思考，深刻的论断，化为神州大地上的生动实践：

从脱贫攻坚战中"决不能落下一个贫困地区、一个贫困群众"的誓言，到全面建成小康社会进程中"一个民族都不能少"的承诺；从"想群众之所想，急群众之所急""努力让每个人都有人生出彩的机会"，到不断缩小地区、城乡、收入差距，让区域、行业发展更协调、平衡和包容……

- 57 -

坚持在发展中保障和改善民生，把推动高质量发展放在首位，不断把"蛋糕"做大；正确处理效率和公平的关系，构建初次分配、再分配、三次分配协调配套的制度安排，加大税收、社保、转移支付等调节力度并提高精准性，推动形成橄榄型分配结构，将"蛋糕"分好……

"在全面建设社会主义现代化国家新征程中，我们必须把促进全体人民共同富裕摆在更加重要的位置，脚踏实地、久久为功，向着这个目标更加积极有为地进行努力"，习近平总书记指出。

踏上新征程，要朝着"人的全面发展"目标扎实迈进。

连日来，北京冬奥会赛场奥运健儿激战正酣，场外大众对冰雪运动的热情也几近"沸点"。

辽宁营口鲅鱼圈区何家沟滑雪场人头攒动，很多家长带孩子来体验冰雪乐趣。

今年34岁的任举带着妻子和女儿，第一次踏上滑雪板，认真模仿着教练的一招一式。"我们也好好学习一下这项运动，强健身体意志、丰富业余生活。"

国家统计局数据显示，截至2021年10月，中国冰雪运动参与人数达3.46亿。

人的全面发展，不仅要物的丰足，也要精神的富足。

用党的创新理论武装全党、教育人民、指导实践；广泛开展中国特色社会主义和中国梦宣传教育；推进文化事业和文化产业全面发展，繁荣文艺创作，完善公共文化服务体系……习近平总书记高度重视、系统部署、亲自推动，坚持以社会主义核心价值观引领文化建设，不断满足群众多样化、多层次、多方面精神文化需求，让人们的精神世界更加充盈饱满。

殷殷初心如磐，时代答卷常新。

"读懂今天的中国，必须读懂中国共产党。"

2021年12月2日，习近平总书记在向2021年"读懂中国"国际会议（广州）开幕式发表的视频致辞中深刻阐明：

"中国共产党将坚持人民至上，坚持全心全意为人民服务的根本宗旨，践行以人民为中心的发展思想，不断促进人的全面发展和全体人民共同富裕，更好满足中国人民对美好生活的向往。"

"民之所忧，我必念之；民之所盼，我必行之。"

在以习近平同志为核心的党中央坚强领导下，坚持以人民为中心的发展思想，全党全国人民撸起袖子加油干，万众一心向前进，必将绘就更加美好的图景。

（新华社北京2022年2月15日电　新华社记者齐中熙、申铖、胡璐、刘夏村、周圆）

❹ "继续把这篇大文章写下去"

——"十个明确"彰显马克思主义中国化新飞跃述评之四

《中共中央关于党的百年奋斗重大成就和历史经验的决议》以"十个明确"对习近平新时代中国特色社会主义思想的核心内容作了进一步概括,其中明确——

中国特色社会主义事业总体布局是经济建设、政治建设、文化建设、社会建设、生态文明建设五位一体,战略布局是全面建设社会主义现代化国家、全面深化改革、全面依法治国、全面从严治党四个全面。

"坚持和发展中国特色社会主义是一篇大文章""我们这一代共产党人的任务,就是继续把这篇大文章写下去"……

统筹推进"五位一体"总体布局、协调推进"四个全面"战略布局,以习近平同志为核心的党中央不断深化对社会主义建设规律的认识,在坚持和发展中国特色社会主义"这篇大文章"中书写浓墨重彩的篇章。

完善总体布局

「中国特色社会主义是全面发展的社会主义」

完善总体布局:"中国特色社会主义是全面发展的社会主义"

2021年4月2日上午,北京市朝阳区温榆河的植树点,一派热火朝天忙碌景象。

习近平总书记来到这里,参加一年一度的首都义务植树活动,这是党的十八大以来他连续第9年亲手植绿。

扶苗培土、拎桶浇水,总书记接连种下6棵树苗。新种下的树苗迎风挺立,传递出春天的盎然生机。

"生态文明建设是新时代中国特色社会主义的一个重要特征。加强生态文明建设,是贯彻新发展理念、推动经济社会高质量发展的必然要求,也是人民群众追求高品质生活的共识和呼声。"面对在场的干部群众,习近平总书记的话语意味深长。

时针回拨到 9 年多前。

2012 年 11 月，党的十八大令人瞩目地将生态文明建设纳入中国特色社会主义事业总体布局："把生态文明建设放

★ 上图为浙江省湖州市安吉县天荒坪镇余村 20 世纪 80 年代的资料照片；下图为 2018 年 4 月 24 日，游客在整修一新的余村游览拍照（新华社记者翁忻旸摄）。

在突出地位，融入经济建设、政治建设、文化建设、社会建设各方面和全过程"。

这是党对社会主义建设规律在实践和认识上不断深化的重要成果，展现出立志千秋伟业的胸怀视野。

"保护生态环境就是保护生产力，改善生态环境就是发展生产力""人不负青山，青山定不负人。绿水青山既是自然财富，又是经济财富。"

从坚决打响蓝天、碧水、净土"三大保卫战"，到雷厉风行打好污染防治攻坚战，从开展"史上最严"中央环保督察，到环境保护法、环境保护税法等法规更加完善……生态文明建设从认识到实践都发生了历史性、转折性、全局性变化。

全局之变，在于布局之变。

从党的十二届六中全会提出"三位一体"总体布局，到党的十六大以后将总体布局拓展为"四位一体"，再到党的十八大提出"五位一体"总体布局……我们党始终顺应历史大势、顺应人民需求，不断与时俱进完善中国特色社会主义事业布局。

"我们要在继续推动发展的基础上，着力解决好发展不平衡不充分问题，大力提升发展质量和效益，更好满足人民在经济、政治、文化、社会、生态等方面日益增长的需要，更好推动人的全面发展、社会全面进步。"

"强调总布局，是因为中国特色社会主义是全面发展的社会主义。"习近平总书记一语中的。

布局之变，引领实践之跃。

"五位一体"总体布局，既是路线图，也是任务书，经济建设是根本、政治建设是保障、文化建设是灵魂、社会建设是条件、生态文明建设是基础。

——经济建设上，坚持以新发展理念推动发展全局深刻变革，迈向高质量发展轨道；

——政治建设上，坚持党的领导、人民当家作主、依法治国有机统一，积极发展全过程人民民主；

——文化建设上，坚持正本清源、守正创新，全社会凝聚力和向心力极大提升；

——社会建设上，坚持以人民为中心的发展思想，人民生活全方位改善；

——生态文明建设上，坚持绿水青山就是金山银山的理念，美丽中国建设迈出重大步伐……

各方面布局统筹推进，促进现代化建设各方面相协调，促进生产关系与生产力、上层建筑与经济基础相协调，推动人的全面发展和社会的全面进步。

这是一个成熟的马克思主义政党治国理政的智慧和清醒，标志着党对中国特色社会主义建设规律的认识和把握达到新的高度。

形成战略布局

"中国在新的历史条件下治国理政方略"

形成战略布局:"中国在新的历史条件下治国理政方略"

世纪疫情,突如其来的压力测试。

全球死亡病例累计超过 580 万,人类发展指数 30 年来首次下降。失速中,世界面临失序的严重危机。

以习近平同志为核心的党中央沉着应对、化危为机,交出一份统筹疫情防控和经济社会发展的优异答卷。

"在解决突出问题中实现战略突破,在把握战略全局中推进各项工作",这是百年大党不断取得革命、建设、改革伟大胜利的重要思想方法。

统筹推进"五位一体"总体布局的同时,"四个全面"战略布局的逐步形成、协调推进,重构了新时代中国发展的战略逻辑——

立足冲刺千年小康梦想的历史方位，2012年11月，党的十八大提出全面建成小康社会的奋斗目标。

将改革开放作为坚持和发展中国特色社会主义的必由之路，2013年11月，党的十八届三中全会吹响全面深化改革的号角。

将法治作为坚持和发展中国特色社会主义的重要保障，2014年10月，党的十八届四中全会在党的历史上首次以全会的形式专题研究部署全面推进依法治国。

2014年12月，在江苏调研时，习近平总书记首次公开将"全面从严治党"与全面建成小康社会、全面深化改革、全面推进依法治国一并提出。

"这是中国在新的历史条件下治国理政方略，也是实现中华民族伟大复兴中国梦的重要保障。"习近平总书记深刻指出。

——坚持问题导向，破解时代课题。

2018年5月31日，北京月坛北小街，国家医疗保障局正式挂牌。

整合多部门管理权，为居高不下的药价"挤水分"，剑指"看病难、看病贵"……医改牵一发而动全身。

改革进入深水区，唯有"全面深化"，方能破局开路。

"'四个全面'的战略布局是从我国发展现实需要中得

出来的，从人民群众的热切期待中得出来的，也是为推动解决我们面临的突出矛盾和问题提出来的。"

通过全面建成小康社会、彻底解决绝对贫困问题，使国家综合实力跃上新台阶；通过全面深化改革，冲破利益固化的藩篱；通过全面依法治国，有力维护社会公平正义；通过全面从严治党，为坚持和发展中国特色社会主义提供坚强保障。

"四个全面"战略布局，是对当前"中国问题"切中肯綮的把握，抓住了它，就抓住了解决问题的"衣领子""牛鼻子"。

——坚持辩证统一，始终相互促进。

"通过！"

2018年3月20日，人民大会堂。十三届全国人大一次会议表决通过了《中华人民共和国监察法》，热烈的掌声在万人大礼堂响起。

这一反腐败国家立法，将党的十八大以来全面从严治党的理论和实践创新成果，将深化国家监察体制改革的制度成果，以法律形式固定下来，体现了全面从严治党、全面深化改革、全面依法治国的有机统一。

"全面建成小康社会是我们的战略目标，全面深化改革、全面依法治国、全面从严治党是三大战略举措""让全面深化改革、全面推进依法治国如鸟之两翼、车之双轮""一以贯之、坚定不移全面从严治党""为决胜全面建成小康社会、决战脱贫攻坚提供坚强保障"……坚持历史唯物主义和辩证唯物主义认识论和方法论的相统一,坚持战略目标与战略举措的相统一,确保了"中国号"列车全速顺利前进。

——坚持全面系统,加强整体谋划。

深圳,莲花山。登高眺远,"春天的故事"尽收眼底。习近平总书记亲手植下的高山榕,茂盛挺拔。

2013年11月,党的十八届三中全会一揽子推出330多项改革举措,并决定在党中央成立领导推进全面深化改革的顶层机构。

★ 图为深圳市民中心和莲花山公园一线(2020年10月2日摄,无人机照片)。(新华社记者梁旭摄)

"不是推进一个领域改革，也不是推进几个领域改革，而是推进所有领域改革"。习近平总书记为这场新时代的改革开放标注出了不同以往的广度和深度。

纵横正有凌云笔，伟大事业谱新篇。

全面建成小康社会，不仅让近1亿人口摆脱贫困，也是经济、政治、文化、社会、生态文明全面发展的更高水平小康；

通过全面深化改革，国家治理体系和治理能力现代化水平不断提高；

通过全面依法治国，中国特色社会主义法治体系不断健全；

通过全面从严治党，形成比较完善的党内法规体系，探索出依靠党的自我革命跳出历史周期率的成功路径。

中国特色社会主义事业进入新的历史阶段，实现中华民族伟大复兴拥有了更为完善的制度保证、更为坚实的物质基础、更为主动的精神力量。

再启历史新局

『我们已经走出一条光明大道
我们要继续前行』

再启历史新局:"我们已经走出一条光明大道,我们要继续前行"

2020年10月,站在历史的交汇点上,党的十九届五中全会审议通过《中共中央关于制定国民经济和社会发展第十四个五年规划和二〇三五年远景目标的建议》,为中国擘画了一幅波澜壮阔的新图景。

翻开规划《建议》,"四个全面"战略布局中的首个"全面"由"全面建成小康社会"发展为"全面建设社会主义现代化国家"。

法与时转则治,治与世宜则有功。

正确认识党和人民事业所处的历史方位和发展阶段,不断完善发展的总体布局和战略布局,是写好坚持和发展中国特色社会主义"这篇大文章"的历史自觉和使命担当。

——坚持党的领导,始终把牢中国特色社会主义事业的定盘星。

2021年12月8日至10日,北京京西宾馆,中央经济工作会议举行,定调中国经济发展大计。

世纪疫情之下,习近平总书记以"四个必须"深刻阐明大国经济行稳致远的核心密码。

"必须坚持党中央集中统一领导"居于首位。

回眸一年经济工作,既有大风大浪,也有暗流涌动。习近平总书记深刻指出:"我们能够沉着应对,过险滩,闯难关,关键是在党中央集中统一领导下,各地区各部门步调一致向前进,拔了不少钉子,稳住宏观大局。"

中国共产党领导是中国特色社会主义最本质的特征,是中国特色社会主义制度的最大优势,坚持和加强党的全面领导必须统领于中国特色社会主义事业布局的全过程各方面各环节。

全党有核心,党中央才有权威,党和国家才有力量。

党的十九届六中全会深刻指出,党确立习近平同志党中央的核心、全党的核心地位,确立习近平新时代中国特色社会主义思想的指导地位,反映了全党全军全国各族人民共同心愿,对新时代党和国家事业发展、对推进中华民族伟大复兴历史进程具有决定性意义。

新征程上，必须坚决维护习近平总书记党中央的核心、全党的核心地位，坚决维护党中央权威和集中统一领导，坚定不移全面贯彻习近平新时代中国特色社会主义思想，确保全党步调一致向前进。

——坚持中国道路，不断展现中国式现代化新道路的蓬勃生机。

走自己的路，是党百年奋斗得出的历史结论。

在党的十九届五中全会上，习近平总书记深刻阐明了中国式现代化的五大特征：

"我国现代化是人口规模巨大的现代化，是全体人民共同富裕的现代化，是物质文明和精神文明相协调的现代化，是人与自然和谐共生的现代化，是走和平发展道路的现代化"。

走中国式现代化道路，这是推进中国特色社会主义事业总体布局和战略布局的必然要求，必须贯彻落实在我国发展的战略战术、方针政策、政策举措、工作部署之中。

——坚持以人民为中心，真正体现社会主义的本质要求。

2022年新春上班第一天，浙江召开高质量发展建设共同富裕示范区推进大会，部署新一年的"任务清单"。

"治国之道，富民为始。"

在全面建成小康社会的基础上，习近平总书记作出了"现在，已经到了扎实推动共同富裕的历史阶段"的重大论断。共同富裕，这是社会主义的本质要求，这是人民群众的共同期盼。

一切为了人民，一切依靠人民。

坚持以人民为中心的发展思想，必须始终贯穿于"五位一体"总体布局和"四个全面"战略布局，这是坚持和发展中国特色社会主义"这篇大文章"的鲜明底色。

"我们已经走出一条光明大道，我们要继续前行。"

踏上全面建设社会主义现代化国家新征程，中国特色社会主义伟大事业必将掀开更加恢宏壮丽的崭新篇章！

（新华社北京2022年2月16日电　新华社记者陈芳、朱基钗、董瑞丰、胡喆、温竞华、彭韵佳）

⑤ "让我们的制度成熟而持久"

——"十个明确"彰显马克思主义中国化新飞跃述评之五

坚持和发展中国特色社会主义，是改革开放以来党的全部理论和实践的主题。中国特色社会主义制度是当代中国发展进步的根本保证。

《中共中央关于党的百年奋斗重大成就和历史经验的决议》，用"十个明确"概括了习近平新时代中国特色社会主义思想的核心内涵，其中一个是——"明确全面深化改革总目标是完善和发展中国特色社会主义制度、推进国家治理体系和治理能力现代化"。

这一重大论断，植根于新时代中国特色社会主义伟大实践，彰显出我们党对共产党执政规律、社会主义建设规律、人类社会发展规律的认识达到新的高度。党的十八大以来，以习近平同志为核心的党中央团结带领全党全国各族人民，不断挥写完善和发展"中国之制"新画卷，开辟"中国之治"新境界。

"制度优势是一个国家的最大优势"

北京中轴线往北,巍然矗立的中国共产党历史展览馆成为一座红色新地标,参观者络绎不绝。

人民代表大会制度、中国共产党领导的多党合作和政治协商制度、民族区域自治制度、基层群众自治制度……置身展馆,一块块展板、一件件展品,清晰勾勒出中国发展稳定奇迹背后的"制度密码"。

"制度优势是一个国家的最大优势,制度竞争是国家间最根本的竞争。"习近平总书记深刻揭示。

回望历史,建立什么样的国家制度,是近代以来中国面临的重大课题。中国共产党人立志为中国人民谋幸福、为中华民族谋复兴,对"善制"的追求始终不渝。

1957年,毛泽东同志言语谆谆:"我国的社会主义制度还刚刚建立,还没有完全建成,还不完全巩固。"

1992年,邓小平同志作出重大判断:"恐怕再有三十年的时间,我们才会在各方面形成一整套更加成熟、更加定型的制度。"

当历史的时针指向新时代,我国社会主要矛盾转化,各类风险挑战交错叠加,更多"发展起来以后的问题"亟待破解。

新形势下,如何用好改革之力,完善制度设计?习近平总书记谋深虑远。

2012年12月,当选党的总书记后第一次赴地方考察调研,习近平就来到改革开放前沿广东,发出"改革不停顿、开放不止步"的动员令。

新时代,以习近平同志为核心的党中央将改革开放事业引向更加壮阔的航程,作答好国家治理体系和治理能力现代化这一重大命题。

是致敬,更是新起点上再出发——

2013年11月,中国共产党历史上又一个划时代的三中全会——十八届三中全会召开,全会审议通过了《中共中央关于全面深化改革若干重大问题的决定》。

改革目标认识深化:完善和发展中国特色社会主义制度,推进国家治理体系和治理能力现代化。

改革力度前所未有:336项改革涵盖方方面面,打破利益的藩篱，促进各项制度机制更加成熟定型。

"我们说坚定制度自信，不是要固步自封，而是要不断革除体制机制弊端，让我们的制度成熟而持久。"习近平总书记的话语坚定有力。

不是某个领域某个方面的单兵突进、修修补补，而是更加注重各领域各方面改革的协同配合，更加强调各项制度举措的系统集成……

党的十八届三中全会从党和国家事业发展全局的高度，对全面深化改革进行顶层设计，提出全面深化改革的总体方案、路线图、时间表，对进一步完善和发展各项制度作出战略安排。

时隔不到一年，党的十八届四中全会召开，对全面依法治国作出明确部署。法治与改革如鸟之两翼、车之双轮，推动制度建设更加蹄疾步稳。

既有"破"的魄力，更有"立"的担当。

2019年10月，习近平总书记引领"中国之治"，再次写下浓墨重彩的篇章——

党的十九届四中全会专门研究坚持和完善中国特色社会主义制度、推进国家治理体系和治理能力现代化并作出决定。

党的领导制度体系、人民当家作主制度体系、中国特色社会主义法治体系、中国特色社会主义行政体制、社会主义基本经济制度……13个方面制度体系，系统描绘了中国特色社会主义的制度图谱，奠定"中国之治"的制度基石。

一路风雷激荡，一路凯歌嘹亮。在全面深化改革大潮中，习近平总书记带领全党突出制度建设这条主线，既向积存多年的顽瘴痼疾开刀，不断破除利益固化的藩篱，又对成熟的改革成果和改革经验及时进行总结提升，并用法律法规等形式固定下来，推动许多领域实现了历史性变革、系统性重塑、整体性重构。

9年多来，中国特色社会主义制度更加成熟更加定型，国家治理体系和治理能力现代化水平不断提高，党和国家事业焕发出新的生机活力。

"我国国家制度和国家治理体系管不管用、有没有效,实践是最好的试金石"

浪漫开幕式惊艳海内外,多项新纪录刷新人类极限,"冰墩墩"全球圈粉……赛程过半的2022北京冬奥会,赢得世界一次又一次由衷喝彩。

新冠肺炎疫情发生以来,全球综合性体育盛会首次如期成功举行。以习近平同志为核心的党中央引领中国人民兑现了对世界作出的庄严承诺,为"中国之治"写下生动注脚。

"鞋子合不合脚,只有穿的人才知道。中国特色社会主义制度好不好、优越不优越,中国人民最清楚,也最有发言权。"习近平总书记一语中的。

中国特色社会主义制度和国家治理体系,在中国特色社会主义伟大实践中展现出强大生命力和巨大优越性。

5 "让我们的制度成熟而持久"

★ 2022年2月4日晚，第二十四届冬季奥林匹克运动会开幕式在北京国家体育场举行，图为中国代表团在开幕式上入场。（新华社记者曹灿摄）

——"中国之制"迈向"中国之治"，不断续写经济快速发展和社会长期稳定"两大奇迹"。

2021年12月8日至10日，北京京西宾馆，中央经济工作会议在这里举行。

"必须坚持党中央集中统一领导""必须坚持高质量发展""必须坚持稳中求进""必须加强统筹协调"——习近平总书记阐明中国经济逆风前行的密码，也为全球经济治理提供有益借鉴。

刚刚过去的2021年，尽管疫情形势复杂多变，中国经济交出全年增长8.1%的优异成绩单。

用几十年时间走完了发达国家几百年走过的工业化进程，跃升为世界第二大经济体。与此同时，长期保持社会和谐稳定、人民安居乐业，成为国际社会公认最有安全感的国家之一……

在人类发展史上，中国之外没有任何一种国家制度和国家治理体系能在这样短的历史内创造出这样的奇迹。

这是党带领人民长期不懈奋斗的必然结果，也是我国国家制度和治理体系显著优势充分发挥的必然结果！

——"中国之制"迈向"中国之治"，制度优势更好应对风险挑战冲击。

世纪疫情是一场大考，对各国治理体系和治理能力都是严峻考验。

确定"外防输入、内防反弹"总策略、"动态清零"总方针；全程接种人数超过12亿，疫苗接种率达87%以上；上到百岁老人、下到新生婴儿，救治病患不惜一切代价，不分年龄、不分区域、不分民族……

疫情之下，"中国之治"与"西方之乱"形成鲜明对比，充分彰显中国特色社会主义制度的治理效能。

从历史性地解决绝对贫困问题，到有效应对重大自然灾害，从稳妥处理突发风险事件，到积极应对世界百年未有之大变局……历史一次又一次证明，重大风险挑战面前，中国

★ 2021年10月28日，海南省海口市琼山第三小学的学生排队接种疫苗。（新华社记者郭程摄）

共产党领导的"中国之治"蕴含着无限生机活力。

——"中国之制"迈向"中国之治"，始终将人民作为根本的价值依归。

虎年春节前夕，在纷纷扬扬的雪花中，习近平总书记走进山西霍州市师庄乡冯南垣村、汾西县僧念镇段村，亲切看望慰问基层干部群众。

2012年底，同样是一个冬日，习近平总书记顶风踏雪，来到地处太行山深处的河北阜平县骆驼湾村和顾家台村，看真贫、听民声。

几度踏雪，一路为民。"共产党就是给人民办事的，就是要让人民的生活一天天好起来，一年比一年过得好。"习近平总书记话语温暖，道出中国特色社会主义制度的人民本色。

不断解放和发展社会生产力，满足人民过上美好生活的新期待；积极发展全过程人民民主，切实保障人民当家作主；不断改善和保障民生，增强人民的获得感、幸福感和安全感……中国特色社会主义制度获得了最广大人民群众的认可、拥护和支持。

2022年1月，全球知名公关咨询公司爱德曼发布的"爱德曼信任度晴雨表"显示：2021年中国民众对政府信任度高达91%，同比上升9个百分点，蝉联全球第一。

把握"时"与"势"，融通"制"与"治"。在以习近平同志为核心的党中央坚强领导下，中国特色社会主义制度日臻完善，"中国之治"在世界舞台绽放更加夺目的光芒。

"只要我们沿着这条道路继续前进，就一定能够实现国家治理体系和治理能力现代化"

2021年12月17日，北京中南海。习近平总书记主持召开中央全面深化改革委员会第二十三次会议，审议通过《关于加快建设全国统一大市场的意见》等文件，进一步释放出"从制度建设着眼，坚持立破并举"推动各项事业发展的鲜明信号。

党的十八大以来，习近平总书记主持召开60余次中央全面深化改革委员会（领导小组）会议，推动全面深化改革向纵深挺进，推进各项制度更加成熟定型。

实践发展永无止境，解放思想永无止境。

"从形成更加成熟更加定型的制度看，我国社会主义实践的前半程已经走过了，前半程我们的主要历史任务是建立社会主义基本制度，并在这个基础上进行改革。"

"后半程，我们的主要历史任务是完善和发展中国特色社会主义制度，为党和国家事业发展、为人民幸福安康、为社会和谐稳定、为国家长治久安提供一整套更完备、更稳定、更管用的制度体系。"

——习近平总书记的重要讲话拨云见日、把舵定向。

放眼全球，百年变局与世纪疫情交织演变，单边主义、保护主义上升，国际格局深刻调整，不稳定不确定因素明显增多。

审视国内，我们全面建成了小康社会，但发展不平衡不充分问题仍然突出，重点领域关键环节改革任务仍然艰巨，创新能力仍不适应高质量发展要求。

正如习近平总书记深刻指出的，"我们的国家治理体系和治理能力总体上是好的，是有独特优势的，是适应我国国情和发展要求的。同时，我们在国家治理体系和治理能力方面还有许多亟待改进的地方，在提高国家治理能力上需要下更大气力。"

拉长历史的坐标轴，党的十九届四中全会擘画了"中国之治"的宏伟蓝图：

——到2035年，各方面制度更加完善，基本实现国家治理体系和治理能力现代化；

——到新中国成立100年时，全面实现国家治理体系和治理能力现代化，使中国特色社会主义制度更加巩固、优越性充分展现。

这恰与党的十九大作出到本世纪中叶把我国建成富强民主文明和谐美丽的社会主义现代化强国的战略安排高度契合。

站在新的历史起点上，向着第二个百年奋斗目标进军，更需要现代化的国家治理体系和治理能力保驾护航。

开辟"中国之治"新境界，就要始终保持攻坚克难的勇气——

犯其至难而图其至远。制度更加成熟更加定型是一个动态过程，治理能力现代化亦是如此，不可能一蹴而就，也不可能一劳永逸。我们决不能停下脚步，决不能有松口气、歇歇脚的想法，要不断与时俱进完善和发展中国特色社会主义制度和国家治理体系。

开辟"中国之治"新境界，就要严格遵守和执行制度——

制度的生命力在于执行。中国特色社会主义根本制度、基本制度、重要制度，是对党和国家各方面事业作出的制度安排。无论是编制发展规划、推进法治建设、制定政策措施，还是部署各项工作，都要遵照这些制度，不能有任何偏差。

开辟"中国之治"新境界，就要把提高治理能力作为新时代干部队伍建设的重要任务——

办好中国的事情，关键在党，关键在人。要通过加强思想淬炼、政治历练、实践锻炼、专业训练，推动广大干部严格按照制度履行职责、行使权力、开展工作，将制度优势更好地转化为治理效能。

历史照亮未来，征程未有穷期。

"我们已经走出了建设中国特色社会主义制度的成功之路，只要我们沿着这条道路继续前进，就一定能够实现国家治理体系和治理能力现代化"。

在习近平新时代中国特色社会主义思想指导下，我们一定能够坚持好、巩固好、完善好、发展好我国国家制度和国家治理体系，不断把制度优势更好转化为治理效能，为实现中华民族伟大复兴创造新的更大辉煌！

（新华社北京 2022 年 2 月 17 日电　新华社记者赵晓辉、林晖、刘开雄、王琦、李延霞、刘慧）

❻ "法治兴则国兴,法治强则国强"

——"十个明确"彰显马克思主义中国化新飞跃述评之六

《中共中央关于党的百年奋斗重大成就和历史经验的决议》用"十个明确"系统概括习近平新时代中国特色社会主义思想的核心内容,其中包括——

"明确全面推进依法治国总目标是建设中国特色社会主义法治体系、建设社会主义法治国家"。

习近平总书记为全面依法治国标定航向、规划蓝图,开辟了马克思主义法治理论中国化新境界,昭示我们党对法治建设规律认识达到历史新高度,必将引领法治中国建设阔步前行,为民族复兴伟业筑牢坚实法治根基。

依法治国是党领导人民治理国家的基本方略

"没有全面依法治国，我们就治不好国、理不好政，我们的战略布局就会落空"

依法治国是党领导人民治理国家的基本方略:"没有全面依法治国,我们就治不好国、理不好政,我们的战略布局就会落空"

"法治兴则国兴,法治强则国强。"

2012年底,刚刚当选总书记的习近平出席首都各界纪念现行宪法公布施行30周年大会,明确提出"要更加注重发挥法治在国家治理和社会管理中的重要作用,全面推进依法治国,加快建设社会主义法治国家"。

近8年后,党的历史上首次召开的中央全面依法治国工作会议,将习近平法治思想明确为全面依法治国的指导思想。

习近平总书记指出:"我们提出全面推进依法治国,坚定不移厉行法治,一个重要意图就是为子孙万代计、为长远发展谋。"

洞察数千年风雨沧桑、治乱兴衰，习近平总书记深刻揭示法治对于中华民族伟大复兴的重大意义，科学把握中国法治发展内在规律，为新时代法治中国建设提供思想指针。

2014年金秋十月，党的十八届四中全会审议通过《中共中央关于全面推进依法治国若干重大问题的决定》，对全面依法治国作出顶层设计和战略部署。

习近平总书记指出，全面推进依法治国涉及很多方面，在实际工作中必须有一个总揽全局、牵引各方的总抓手，这个总抓手就是建设中国特色社会主义法治体系。依法治国各项工作都要围绕这个总抓手来谋划、来推进。

宣示坚定不移走中国特色社会主义法治道路的决心："中国特色社会主义法治道路，是社会主义法治建设成就和经验的集中体现，是建设社会主义法治国家的唯一正确道路"；

阐明中国特色社会主义法治体系的科学内涵："形成完备的法律规范体系、高效的法治实施体系、严密的法治监督体系、有力的法治保障体系，形成完善的党内法规体系"；

明确全面依法治国的基本框架和总体布局："坚持依法治国、依法执政、依法行政共同推进，坚持法治国家、法治政府、法治社会一体建设，实现科学立法、严格执法、公正司法、全民守法"……

习近平总书记的重要论述，指引亿万人民勠力同心、坚

★ 云南省怒江傈僳族自治州贡山县人民法院法官邓兴背着国徽与同事们跨过怒江（2019年8月30日摄）。怒江高山峡谷众多，交通不便，为方便群众、更好地开展法律服务，背着国徽攀高山、过索桥、躲落石、钻老林……成为邓兴法官的工作常态。（新华社记者江文耀摄）

定自信，扎实有序推进法治中国建设稳步前行。

2018年8月24日，中南海怀仁堂。

习近平总书记主持召开中央全面依法治国委员会第一次会议。习近平总书记亲自担任中央全面依法治国委员会主任彰显对法治工作的高度重视。

多次对政法工作作出重要批示指示，作出一系列重大部署；

三次主持中央政治局常委会会议，听取相关汇报，对民法典编纂工作作出重要指示，为民法典编纂工作提供重要指导和基本遵循；

主持中共中央政治局会议，审议《中国共产党政法工作条例》，把党长期以来领导政法工作的成功经验转化为制度成果；

……

定方向、定规划、定举措、抓落实，习近平总书记全面系统研究解决全面依法治国重大事项、重大问题，协调推进中国特色社会主义法治体系和社会主义法治国家建设。

翻开党中央印发的《法治中国建设规划（2020—2025年）》，迈向社会主义法治国家的"路线图"清晰可见——

到2025年，党领导全面依法治国体制机制更加健全，以宪法为核心的中国特色社会主义法律体系更加完备……中国特色社会主义法治体系初步形成。

到2035年，法治国家、法治政府、法治社会基本建成，中国特色社会主义法治体系基本形成……国家治理体系和治理能力现代化基本实现。

在习近平法治思想引领下，法治中国宏伟蓝图更加清晰，全面依法治国的脚步坚实有力。

国家治理体系的应有之义

「坚持和完善中国特色社会主义法治体系,更好发挥法治对改革发展稳定的引领、规范、保障作用」

国家治理体系的应有之义:"坚持和完善中国特色社会主义法治体系,更好发挥法治对改革发展稳定的引领、规范、保障作用"

2021年3月1日,长江保护法正式施行,守护母亲河从此有法可依。

制定长江保护法是习近平总书记亲自确定的重大立法任务。这是我国第一部流域法律,为长江永葆生机活力、中华民族永续发展提供法治保障。

治国无其法则乱,守法而不变则衰。建设完备的法律规范体系,善治需有良法——

新的历史方位下,法律制度如何与时俱进?习近平总书记明确指出:"人民群众对立法的期盼,已经不是有没有,而是好不好、管用不管用、能不能解决实际问题。"

6 "法治兴则国兴，法治强则国强"

★ 2021年3月1日，长江保护法正式实施。此后，一批"育鱼"科研人员努力攻关珍稀鱼类的人工繁育，越来越多退捕渔民转身投入"护鱼"队伍。一年来，捕捞活动对长江鲟的误捕和干扰得以基本消除，长江里已能发现长江鲟的踪迹。图为2022年2月25日拍摄的三峡库区珍稀鱼类驯养基地（无人机照片）。（新华社记者唐奕摄）

在习近平法治思想引领下，完善立法工作格局、健全立法工作机制、坚持立改废释纂并举，加强重点领域、新兴领域、涉外领域立法……高质量立法为国家改革发展稳定提供高质量制度保障。

个人信息保护法让你我个人信息更安全，反食品浪费法弘扬勤俭节约传统美德，外商投资法有力推动营造法治化、国际化、便利化营商环境……中国特色社会主义法律体系"参天大树"更加枝繁叶茂。

凡法事者，操持不可以不正。织密保障社会公平正义的法治之网——

"努力让人民群众在每一项法律制度、每一个执法决定、每一宗司法案件中都感受到公平正义"，这是习近平总书记的明确要求，也是衡量法治建设成效的关键标尺。

历史遗留的冤错案件能否纠正？司法机关"门难进""脸难看"怎么办？"人情案""关系案"怎么破解？……关键在于推进司法体制改革。习近平总书记指出，要紧紧抓住影响司法公正、制约司法能力的重大问题和关键问题，增强改革的针对性和实效性。

呼格吉勒图案、聂树斌案、张文中案等重大冤错案被依法纠正，员额制改革让司法力量集中到办案一线，司法责任制改革实现"让审理者裁判、由裁判者负责"，检察机关积极稳妥推进公益诉讼维护人民合法权益……司法机关面貌一新，公正高效权威的中国特色社会主义司法制度更加成熟完备。

经国序民，正其制度。

在习近平总书记引领下，中国特色社会主义法治体系日益完善，法治固根本、稳预期、利长远的重要作用更加凸显。

——严密的法治监督体系把权力关进制度的笼子，有力的法治保障体系为全面依法治国提供人才、科技等重要支撑，完善的党内法规体系为党发挥领导核心作用提供制度保障。

——依法应对重大挑战、抵御重大风险、克服重大阻力、解决重大矛盾，沉着应对百年变局和世纪疫情挑战；优化法治化营商环境，为经济高质量发展保驾护航。

习近平总书记指出："建设中国特色社会主义法治体系、建设社会主义法治国家是实现国家治理体系和治理能力现代化的必然要求。"

2018年3月，十三届全国人大一次会议表决通过的宪法修正案中，"健全社会主义法制"，改为"健全社会主义法治"。

从"制"到"治"的飞跃，昭示法治建设从法律制度向囊括立法、执法、司法、守法各环节的法治体系转变，法治中国建设迈入系统全面、协同高效的新境界。

为新时代法治中国建设标定航向

「全面推进依法治国是一项庞大的系统工程，必须统筹兼顾、把握重点、整体谋划，在共同推进上着力，在一体建设上用劲」

为新时代法治中国建设标定航向:"全面推进依法治国是一项庞大的系统工程,必须统筹兼顾、把握重点、整体谋划,在共同推进上着力,在一体建设上用劲"

"我宣誓:忠于中华人民共和国宪法,维护宪法权威,履行法定职责……"

2018年3月17日上午,人民大会堂迎来人民共和国历史上首次国家领导人宪法宣誓。大国领袖铮铮誓言,展现以身作则依宪治国、依宪执政的坚定决心。

一个现代化国家,必然是法治国家。全面依法治国,需要方方面面共同参与、形成合力,推动全国上下厉行法治、信仰法治。

习近平总书记强调增强法治建设系统性、整体性、协同性："法治国家、法治政府、法治社会相辅相成，法治国家是法治建设的目标，法治政府是建设法治国家的重点，法治社会是构筑法治国家的基础。"

法治政府建设是重点任务和主体工程，要率先突破——

习近平总书记指出："各级政府必须依法全面履行职能，坚持法定职责必须为、法无授权不可为。"

2020年，国务院同意在上海浦东新区开展"一业一证"改革试点，将企业需要办理的多张许可证整合为一张行业综合许可证，实现市场主体"一证准营"。

开一家便利店，原来要跑"五个证"，现在只填"一张表"。

★ 在上海市浦东新区企业服务中心办事大厅内拍摄的"一业一证"宣传板（2020年8月4日摄）。（新华社记者方喆摄）

减去的是许可证数量,增加的是市场活力。

全面清理"奇葩证明"为群众减负,政务服务从"网上办"向"掌上办"延伸,严格规范执法让权力不再"任性",落实重大行政决策程序、加强行政决策执行与评估……法治政府建设换挡提速,依法行政成为各级政府鲜明印记。

中共中央、国务院印发的《法治政府建设实施纲要(2021—2025年)》,确立到2025年法治政府建设的总体目标和各领域分目标,为推进政府治理体系和治理能力现代化提供有力支撑。

建设法治社会,以法治之力守护和谐安宁、保障人民权益——

"发动和依靠群众,坚持矛盾不上交,就地解决,实现捕人少、治安好……"伴着枫溪江的潺潺流水,"枫桥经验"从浙江绍兴诸暨市枫桥镇出发,近60年来在全国各地落地生根、枝繁叶茂。

习近平总书记明确要求,"各级党委和政府要充分认识'枫桥经验'的重大意义,发扬优良作风,适应时代要求,创新群众工作方法,善于运用法治思维和法治方式解决涉及群众切身利益的矛盾和问题"。

和谐社会,应该是法治社会。习近平总书记指出,要加快实现社会治理法治化,依法防范风险、化解矛盾、维护权益,营造公平、透明、可预期的法治环境。

扫黑除恶让城乡更安宁、群众更安乐,依法治网保障网络空间天朗气清,维护"朗朗乾坤"、聚焦"急难愁盼"、办好"关键小事",让人民群众切实收获更多获得感、幸福感、安全感。

"到2025年,'八五'普法规划实施完成,法治观念深入人心,社会领域制度规范更加健全……"中共中央印发的《法治社会建设实施纲要(2020—2025年)》对法治社会建设提出新要求、作出新部署。

沐法治之光,德法交融树牢全社会法治信仰——

★ 浙江省湖州市吴兴区综合行政执法局龙泉中队在"阳光调解室"进行调解工作(2018年11月14日摄)。(新华社记者黄宗治摄)

习近平总书记深刻阐释法与德的关系："法律是成文的道德，道德是内心的法律。""法治和德治不可分离、不可偏废，国家治理需要法律和道德协同发力。"

民法典旗帜鲜明鼓励见义勇为，英烈保护法推动形成尊崇英烈的良好社会氛围，最高法、最高检、公安部联合发文厘清正当防卫认定情形……法治德治相得益彰，助推社会风清气正，焕发中华民族"精气神"。

五千年中华文明，蕴含构建在道德基础上的法律价值系统，承载丰富的国家与社会治理经验。深入发掘、传承和弘扬优秀传统文化，习近平法治思想的真理力量激发中华法治的蓬勃生机。

在习近平法治思想科学指引下，全党全国各族人民积极投身全面依法治国伟大实践，沿着中国特色社会主义法治道路砥砺前行。中国特色社会主义法治体系不断健全，法治中国建设迈出坚实步伐，一个经济发展、政治清明、文化昌盛、社会公正、生态良好的法治国家，正大踏步向我们走来。

（新华社北京2022年2月18日电　新华社记者杨维汉、罗沙、熊丰、刘硕、任沁沁）

⑦ "在推动高质量发展上闯出新路子"

——"十个明确"彰显马克思主义中国化新飞跃述评之七

《中共中央关于党的百年奋斗重大成就和历史经验的决议》，以"十个明确"概括了习近平新时代中国特色社会主义思想的核心内涵，其中一个是——

"明确必须坚持和完善社会主义基本经济制度，使市场在资源配置中起决定性作用，更好发挥政府作用，把握新发展阶段，贯彻创新、协调、绿色、开放、共享的新发展理念，加快构建以国内大循环为主体、国内国际双循环相互促进的新发展格局，推动高质量发展，统筹发展和安全"。

党的十八大以来，在以习近平同志为核心的党中央坚强领导下，在习近平经济思想科学指引下，我国经济实力、科技实力、综合国力跃上新台阶，经济迈上更高质量、更有效率、更加公平、更可持续、更为安全的发展之路。

「发展社会主义市场经济是我们党的一个伟大创造,关键是处理好政府和市场的关系」

夯实制度根基:"发展社会主义市场经济是我们党的一个伟大创造,关键是处理好政府和市场的关系"

建立社会主义市场经济体制,是前无古人的改革实践。

改革开放以来,中国共产党创造性提出在社会主义条件下发展市场经济,建立并完善了中国特色社会主义市场经济体制,带领中国人民取得了举世瞩目的发展奇迹。

迈入新时代,经济发展面临新形势、新挑战、新任务,如何进一步突破经济发展的体制机制障碍?

"我们应该在完善社会主义市场经济体制上迈出新的步伐。"2013年11月9日,习近平总书记在党的十八届三中全会上强调。

这次全会通过的《中共中央关于全面深化改革若干重大

问题的决定》鲜明提出:"使市场在资源配置中起决定性作用和更好发挥政府作用"。

从"基础性作用"到"决定性作用",一词之变,反映我们党对市场作用的认识达到新的高度。

习近平总书记深刻阐释:"提出使市场在资源配置中起决定性作用,是我们党对中国特色社会主义建设规律认识的一个新突破,是马克思主义中国化的一个新的成果,标志着社会主义市场经济发展进入了一个新阶段。"

"发展社会主义市场经济是我们党的一个伟大创造,关键是处理好政府和市场的关系";

"努力形成市场作用和政府作用有机统一、相互补充、相互协调、相互促进的格局";

……

2017年1月,习近平总书记主持十八届中央政治局第三十八次集体学习时指出:"要坚持使市场在资源配置中起决定性作用,完善市场机制,打破行业垄断、进入壁垒、地方保护……"

"经济体制改革必须以完善产权制度和要素市场化配置为重点,实现产权有效激励、要素自由流动、价格反应灵活、竞争公平有序、企业优胜劣汰""让企业和个人有更多活力和更大空间去发展经济、创造财富"。

在习近平总书记引领下,深化要素市场化配置改革,实施全国统一的市场准入负面清单制度……一系列重大改革措施推出,促进市场迸发充沛活力。

科学的宏观调控,有效的政府治理,是发挥社会主义市场经济体制优势的内在要求。

2014年5月26日,十八届中央政治局就使市场在资源配置中起决定性作用和更好发挥政府作用进行第十五次集体学习。

习近平总书记强调:"更好发挥政府作用,就要切实转变政府职能""该管的事一定要管好、管到位,该放的权一

★ 2021年6月16日,在菏泽金然木制品有限公司,山东省菏泽市曹县税务局的工作人员上门走访,介绍出口退税相关优惠政策。(新华社记者郭绪雷摄)

定要放足、放到位，坚决克服政府职能错位、越位、缺位现象"……

鼓励发展混合所有制经济，完善构建亲清政商关系的政策体系，加强反垄断和反不正当竞争，强化知识产权保护，支持和引导资本规范健康发展……

党的十八大以来，在以习近平同志为核心的党中央领导下，在构建更高水平的有效市场的同时，我们不断探索构建更高水平的有为政府，既营造良好的营商环境，又及时防止市场的无序、失灵。

2016年3月4日，习近平总书记参加全国政协十二届四次会议民建、工商联界委员联组会时指出："新型政商关系应该是什么样的？概括起来说，我看就是'亲''清'两个字。"

牢牢坚持"两个毫不动摇"，推动各种所有制经济健康发展，是我国经济能经受住各种风浪冲击的重要制度保证；不断完善收入分配制度，既要做大"蛋糕"，又要分好"蛋糕"，让一切创造社会财富的源泉充分涌流……

2019年秋天，党的十九届四中全会上，"公有制为主体、多种所有制经济共同发展，按劳分配为主体、多种分配方式并存，社会主义市场经济体制"成为社会主义基本经济制度的新概括。

这一"三位一体"框架，标志着我国经济制度更加成熟和定型。坚持和完善社会主义基本经济制度，制度优势的充分彰显将转化为治理之"效"，助力中国高质量发展行稳致远。

坚持思想引领:"高质量发展就是体现新发展理念的发展,是经济发展从'有没有'转向'好不好'"

2022年1月4日,习近平总书记来到国家速滑馆"冰丝带"考察调研。

从建筑材料到制冰技术再到赛后利用,总书记一一询问并指出:"要坚持绿色办奥、共享办奥、开放办奥、廉洁办奥的理念,突出科技、智慧、绿色、节俭特色。"

理念是行动的先导。

2012年,我国经济增速自新世纪以来首次回落至8%以下,经济结构性体制性矛盾不断积累,发展不平衡、不协调、不可持续问题凸显。

中国经济该如何发展,习近平总书记进行着深邃思考。

★ 图为 2021 年 12 月 26 日拍摄的国家速滑馆内景。（新华社记者程婷婷摄）

习近平总书记指出：

"必须坚持以经济建设为中心，坚持发展是党执政兴国的第一要务""不能不顾客观条件、违背规律盲目追求高速度""决不能再回到简单以国内生产总值增长率论英雄的老路上去"。

2014 年 5 月，习近平总书记在河南考察时明确提出"适应新常态，保持战略上的平常心态"；

2015 年 10 月，习近平总书记在党的十八届五中全会上提出"创新、协调、绿色、开放、共享"五大发展理念。

适应新常态，贯彻新发展理念，中国经济发展开启一次深刻变革。

创新是引领发展的第一动力,是建设现代化经济体系的战略支撑。

2021年5月28日,习近平总书记在两院院士大会、中国科协十大上强调:"科技立则民族立,科技强则国家强""坚决打赢关键核心技术攻坚战""建设全球人才高地""要改革重大科技项目立项和组织管理方式,实行'揭榜挂帅''赛马'等制度"……

百年未有之大变局,科技创新是其中一个关键变量。

习近平总书记反复强调,要像当年攻克"两弹一星"一样,集中力量攻克"卡脖子"的关键核心技术。

★ 2021年12月9日,"天宫课堂"第一课开课,神舟十三号乘组航天员翟志刚、王亚平、叶光富在空间站进行太空授课。图为学生们在北京中国科技馆听课。(新华社记者金立旺摄)

以习近平同志为核心的党中央提出一系列奠基之举、长远之策，推动我国向着建设科技强国的目标稳步迈进。

实施创新驱动发展战略，发布《国家创新驱动发展战略纲要》，提出科技创新"三步走"的战略目标，明确构建新发展格局最本质的特征是实现高水平的自立自强……中国科技创新加速前行。

环境美不美，生态好不好，关系人民福祉和永续发展。

曾几何时，雾霾频发、工厂污染、河流黑臭……2012 年，中国经济总量约占全球 11.5%，单位 GDP 能耗却是世界平均水平的 2.5 倍。

习近平总书记对环境保护和经济发展之间的关系有着深入思考："绿水青山就是金山银山""要像保护眼睛一样保护生态环境，像对待生命一样对待生态环境""保护生态环境就是保护生产力，改善生态环境就是发展生产力"。

将生态文明建设纳入"五位一体"总体布局，将"美丽"一词写入社会主义现代化强国目标，实行最严格的生态环境保护制度，出台"史上最严"环保法……

2018 年 5 月，全国生态环境保护大会上，习近平总书记指出："生态兴则文明兴，生态衰则文明衰。"

同年，《中共中央 国务院关于全面加强生态环境保护坚决打好污染防治攻坚战的意见》对外公布。此后，打好蓝天、碧水、净土保卫战,努力打造青山常在、绿水长流、空气常新的美丽中国,成为全社会的共同追求。

以协调促平衡,着力推动区域协调发展、城乡协调发展、物质文明和精神文明协调发展,高质量发展统筹兼顾;

以共享促和谐,坚持发展为了人民、发展依靠人民、发展成果由人民共享,高质量发展彰显人民至上;

以开放促改革,在高水平对外开放中打造国际合作和竞争新优势,高质量发展联通内外。

习近平总书记指出:"高质量发展就是体现新发展理念的发展,是经济发展从'有没有'转向'好不好'""新发展理念就是指挥棒、红绿灯""全党必须完整、准确、全面贯彻新发展理念"。

踏上新征程,新发展理念正引领中国经济不断创造高质量发展的新奇迹。

重塑未来格局

『这是把握未来发展主动权的战略性布局和先手棋』

重塑未来格局："这是把握未来发展主动权的战略性布局和先手棋"

虎年"雨水"节气,宁波舟山港,塔吊林立,一片繁忙。

而在 2020 年初新冠肺炎疫情冲击下,国外原材料进不来、国内货物出不去,这个世界货物吞吐量第一大港一度成为"空港"。

当年 3 月底,疫情仍在蔓延时,习近平总书记前往浙江考察,冒雨来到舟山港。

总书记一路走、一路看、一路思考。

"我感觉到,现在的形势已经很不一样了,大进大出的环境条件已经变化,必须根据新的形势提出引领发展的新思路。"

回京后不久,2020 年 4 月 10 日,习近平总书记在中央财经委员会第七次会议上首次提出:"构建以国内大循环为

★ 浙江宁波舟山港梅山港区集装箱码头一派繁忙（2021年12月17日摄，无人机照片）。（新华社发　蒋晓东摄）

主体、国内国际双循环相互促进的新发展格局"。

格局关乎全局。

习近平总书记进一步指出："这是把握未来发展主动权的战略性布局和先手棋，是新发展阶段要着力推动完成的重大历史任务，也是贯彻新发展理念的重大举措。"

"在推动高质量发展上闯出新路子，在构建新发展格局中展现新作为"。

聚焦畅通国民经济循环，不断释放发展新活力——

当今世界，最稀缺的资源是市场。而市场资源恰恰是我国的巨大优势，如何不断巩固和增强这个优势？

习近平总书记深刻指出："要牢牢把握扩大内需这个战略基点，努力探索形成新发展格局的有效路径。"

印发《建设高标准市场体系行动方案》，审议通过《关于加快构建新发展格局的指导意见》，破除妨碍生产要素市场化配置和商品服务流通的体制机制障碍，深化教育、医疗、养老等领域改革……

习近平总书记强调："我们只有立足自身，把国内大循环畅通起来，努力炼就百毒不侵、金刚不坏之身，才能任由国际风云变幻，始终充满朝气生存和发展下去，没有任何人能打倒我们、卡死我们！"

聚焦区域协调，不断拓展发展新空间——

"黄河入海流，真是辽阔啊！" 2021年10月20日，山东东营，站在黄河入海口码头凭栏远眺，习近平总书记感慨系之、思绪万千。

在三江源头，反复叮嘱要保护好"中华水塔"；在甘肃，首次提出"让黄河成为造福人民的幸福河"；对宁夏，赋予"建设黄河流域生态保护和高质量发展先行区"重要任务……

习近平总书记考察了黄河的上中下游，对黄河流域生态保护和高质量发展进行了深邃的思考。2021年10月，《黄河流域生态保护和高质量发展规划纲要》对外发布。

京津冀协同发展、长江经济带发展、粤港澳大湾区建设、长三角一体化发展、黄河流域生态保护和高质量发展……

党的十八大以来,在习近平总书记亲自谋划、亲自部署、亲自推动下,我国逐渐形成相互支撑、优势互补的区域经济新格局。

聚焦更高水平对外开放,不断培塑竞争和合作新优势——

2018年首届中国国际进口博览会开幕式上,习近平总书记说:"中国主动扩大进口,不是权宜之计,而是面向世界、面向未来、促进共同发展的长远考量。"

2022年伊始,第五届进博会"云招展"加速推进。

进博会是习近平总书记亲自部署推动下举办的,如今已成功举办四届,成为国际采购、投资促进、人文交流、开放

★ 2021年11月5日,人们在第四届进博会上参观。(新华社记者李响摄)

合作的平台，成为全球共享的国际公共产品。

广交会、消博会、服贸会、进博会等国际经贸盛会如期举行，统筹推进21个自贸试验区建设，共建"一带一路"朋友圈扩至147个国家、32个国际组织，区域全面经济伙伴关系协定生效实施，正式申请加入全面与进步跨太平洋伙伴关系协定……

习近平总书记强调："加快构建新发展格局，就是要在各种可以预见和难以预见的狂风暴雨、惊涛骇浪中，增强我们的生存力、竞争力、发展力、持续力，确保中华民族伟大复兴进程不被迟滞甚至中断。"

越是面对挑战，越要扩大开放；越是扩大开放，越要统筹好发展和安全。

征程万里风正劲，重任千钧再奋进。

习近平总书记指出："当今世界正经历百年未有之大变局，但时与势在我们一边，这是我们定力和底气所在，也是我们的决心和信心所在。"在以习近平同志为核心的党中央坚强领导下，在习近平经济思想指引下，亿万人民团结奋进，准确把握发展之机，牢牢掌握发展主动，坚定迈向高质量发展，中国经济必将迎来更加光明的未来！

（新华社北京2022年2月19日电　新华社记者韩洁、刘红霞、叶昊鸣、王雨萧、王悦阳）

⑧ "建设一支听党指挥能打胜仗作风优良的人民军队"

——"十个明确"彰显马克思主义中国化新飞跃述评之八

"明确党在新时代的强军目标是建设一支听党指挥、能打胜仗、作风优良的人民军队,把人民军队建设成为世界一流军队。"

《中共中央关于党的百年奋斗重大成就和历史经验的决议》以"十个明确",对习近平新时代中国特色社会主义思想核心内涵进行系统概括,其中明确阐述了党在新时代的强军目标。

国家大柄,莫重于兵。

党的十八大以来,在波澜壮阔的强军实践中,以习近平同志为核心的党中央带领全军深入进行理论探索和实践创造,形成了习近平强军思想,开拓了当代中国马克思主义军事理论和军事实践发展新境界。

「这个梦想是强国梦,对军队来说,也是强军梦」

"这个梦想是强国梦,对军队来说,也是强军梦"

党的十八大以来,面对国际战略格局和国家安全形势的深刻变化,如何建设同我国国际地位相称、同国家安全和发展利益相适应的巩固国防和强大军队,是党中央、中央军委和习主席始终高度关注的重大战略问题。

2012年11月29日,中国国家博物馆,中共中央总书记、国家主席、中央军委主席习近平在参观《复兴之路》展览时,向世界庄严宣告:"实现中华民族伟大复兴,就是中华民族近代以来最伟大的梦想。"相隔仅10天,习主席第一次离京视察部队时,在南海之滨作出重要论断:"这个梦想是强国梦,对军队来说,也是强军梦。"

强国必须强军,军强才能国安。

2013年3月,在十二届全国人大一次会议解放军代表团全体会议上，习主席郑重宣告："建设一支听党指挥、能打胜仗、作风优良的人民军队，是党在新形势下的强军目标。"

听党指挥是灵魂，能打胜仗是核心，作风优良是保证。强军目标，谋的是民族复兴伟业，布的是强军兴军大局，立的是安全发展之基。

一引其纲，万目皆张。强军目标一经提出，得到全军上下高度认同和衷心拥护，极大提振了军心士气，有力推动了部队建设、改革和军事斗争准备，彰显出巨大的理论魅力和实践威力。

8个月后，党的十八届三中全会召开。经习主席提议，党中央决定将国防和军队改革纳入全面深化改革的大盘子。深化国防和军队改革的内容单独作为一个部分写进全会《决定》，这在党的历史上还是第一次。

大盘取厚势，落子开新局。2015年11月，伴着一场瑞雪，中央军委改革工作会议在北京举行，习主席发出打赢深化国防和军队改革攻坚战的动员令：全面实施改革强军战略，坚定不移走中国特色强军之路。

习主席强调，深化国防和军队改革是实现中国梦、强军梦的时代要求，是强军兴军的必由之路，也是决定军队未来的关键一招。

一场整体性、革命性变革由此启动。

天下大事，必作于细。在习主席和中央军委坚强领导下，深化国防和军队改革有力有序推进——

2015年12月31日,陆军领导机构、火箭军、战略支援部队成立,习主席亲自授予军旗并致训词。

2016年1月11日,习主席接见调整组建后的军委机关各部门负责同志,强调要讲政治、谋打赢、搞服务、做表率,努力建设具有铁一般信仰、铁一般信念、铁一般纪律、铁一般担当的军委机关。

2016年2月1日,习主席亲自为调整组建的五大战区授旗并发布训令,"军委管总、战区主战、军种主建"的新格局正式形成。

2016年9月,中央军委联勤保障部队成立,习主席亲自向武汉联勤保障基地和无锡、桂林、西宁、沈阳、郑州联勤保障中心授予军旗并致训词。

2016年12月,习主席出席中央军委军队规模结构和力量编成改革工作会议,强调要抓住机遇,一鼓作气,乘势而上,扎实推进军队规模结构和力量编成改革。

2017年7月,新调整组建的军事科学院、国防大学、国防科技大学成立,习主席亲自授军旗并致训词。

2018年1月1日零时起,武警部队由党中央、中央军委集中统一领导,实行中央军委—武警部队—部队领导指挥体制。1月10日,习主席亲自向武警部队授旗并致训词。

2018年11月，中央军委政策制度改革工作会议召开，习主席强调，要认清军事政策制度改革的重要性和紧迫性，建立健全中国特色社会主义军事政策制度体系。

……

惟改革者进，惟创新者强。领导指挥体制改革，规模结构和力量编成改革，军事政策制度改革……梯次接续、前后衔接、压茬推进。

人民军队的历史，写下里程碑式的一页——

2017年7月30日，朱日和，沙场阅兵。中国人民解放军建军90周年之际，习主席发出新形势下的强军号令——"把我们这支英雄的人民军队建设成为世界一流军队"。

梦想在召唤，目标引征程。经过5年努力，人民军队实现了政治生态重塑、组织形态重塑、力量体系重塑、作风形象重塑，人民军队重整行装再出发，在中国特色强军之路上迈出了坚实步伐。

2个月后的2017年金秋，"党在新时代的强军目标"被写入党的十九大报告。

3年后的2020年金秋，党的十九届五中全会对国防和军队建设作出战略安排——

"贯彻习近平强军思想，贯彻新时代军事战略方针……加快机械化信息化智能化融合发展，全面加强练兵备战，提高捍卫国家主权、安全、发展利益的战略能力，确保二〇二七年实现建军百年奋斗目标。"

又踏层峰望眼开。2021年11月，党的十九届六中全会在北京召开。这次全会审议通过的《中共中央关于党的百年奋斗重大成就和历史经验的决议》中强调——

党提出新时代的强军目标，确立新时代军事战略方针，制定到二〇二七年实现建军一百年奋斗目标、到二〇三五年基本实现国防和军队现代化、到本世纪中叶全面建成世界一流军队的国防和军队现代化新"三步走"战略，推进政治建军、改革强军、科技强军、人才强军、依法治军，加快军事理论现代化、军队组织形态现代化、军事人员现代化、武器装备现代化，加快机械化信息化智能化融合发展，全面加强练兵备战，坚持走中国特色强军之路。

蓝图催人振奋，奋进正当其时！

"坚持党对军队绝对领导是强军之魂,铸牢军魂是我军政治工作的核心任务,任何时候都不能动摇"

"坚持党对军队绝对领导是强军之魂，铸牢军魂是我军政治工作的核心任务，任何时候都不能动摇"

陆军第75集团军某旅的荣誉室里，珍藏着半截烙有"长征记"字样的皮带——

1936年7月，红四方面军274团八连第三次过草地，陷入断粮困境，14岁战士周广才忍饥挨饿留下半截皮带，带着它"去延安见毛主席"……

2016年1月5日，习主席视察原第13集团军，听到"半截皮带"的故事时，深有感触地说："这就是信仰的力量，就是'铁心跟党走'的生动写照。"

2016年底，划时代的军队规模结构和力量编成改革拉开大幕，18个陆军集团军调整重组为13个。半年后，第75集团军某旅作为全军首批跨区调防的合成旅，横跨2省5市，从大城市千里移防到祖国西南一隅的边陲小镇。

在强军兴军的时代大考中，全军将士听令景从、动若风发，做到绝对忠诚、绝对纯洁、绝对可靠。

思想建党、政治建军。从南昌到三湾再到古田，中国共产党将马克思主义建党建军学说同中国革命实践相结合，创造性建立党对军队绝对领导的根本原则和制度，赋予人民军队完全区别于一切旧军队的政治特质和根本优势。

有一个时期，人民军队党的领导弱化问题突出，如果不彻底解决，不仅影响战斗力，而且事关党指挥枪这一重大政治原则。

又一次扶危定倾、又一次力挽狂澜——

2014年金秋，闽西小镇古田，时隔85年后，再度见证一支伟大军队的浴火重生。

习主席在这里主持召开新世纪第一次全军政治工作会议，强调"坚持党对军队绝对领导是强军之魂，铸牢军魂是我军政治工作的核心任务，任何时候都不能动摇"。

船重千钧，掌舵一人。

从古田再出发，政治建军掀开新的时代篇章，坚持党对军队的绝对领导这一强军之魂不断巩固加强——

党的十九大把"坚持党对人民军队的绝对领导"确定为

8 "建设一支听党指挥能打胜仗作风优良的人民军队"

★ 上图为位于古田镇苏家坡村的闽西特委机关干部培训班旧址鸿玉堂资料照片；下图为2021年5月9日拍摄的鸿玉堂新貌（新华社记者姜克红摄）。（新华社发）

新时代坚持和发展中国特色社会主义的一条基本方略。

大会通过的新修改的党章，明确中国共产党坚持对人民解放军和其他人民武装力量的绝对领导，把中央军事委员会实行主席负责制这一领导体制在党章中确立下来。

2018年8月，中央军委党的建设会议召开，对全面加强新时代我军党的领导和党的建设工作作出全面部署。

从古田再出发，依法治军、从严治军这个强军之基不断强化，人民军队作风形象重塑、政治生态根本好转——

2014年金秋，经习主席提议，党的十八届四中全会把依法治军、从严治军写入全会决定，纳入依法治国总体布局。2015年2月，经习主席批准，中央军委印发《关于新形势下深入推进依法治军从严治军的决定》，人民军队法治化建设进入"快车道"。

古田全军政工会精辟概括了"11个坚持"的优良传统，尖锐指出10个方面突出问题……2015年元旦前夕，由习主席亲自领导和主持起草的《关于新形势下军队政治工作若干问题的决定》转发全党全军，着力回答和解决了在新的历史条件下党从思想上政治上建设军队的重大问题。

恢复和发扬我党我军光荣传统和优良作风，以整风精神推进政治整训，全面加强军队党的领导和党的建设，深入推进军队党风廉政建设和反腐败斗争，坚决查处郭伯雄、徐才厚、房峰辉、张阳等严重违纪违法案件并彻底肃清其流毒影响,推动人民军队政治生态根本好转。

从古田再出发,全军将士在全面深刻的政治教育、思想淬炼、精神洗礼中"淬火""提纯",坚守初心使命——

深刻认识"两个确立"的决定性意义,进一步增强"四个意识"、坚定"四个自信"、做到"两个维护",贯彻军委主席负责制,从党的百年奋斗史中汲取智慧和力量,思想上高度自觉、政治上高度自觉、行动上高度自觉。

重整行装,浴火重生。凝聚在党的旗帜下,伟大的人民军队始终军魂永驻、信念如磐。

「全面提高捍卫国家主权、安全、发展利益的战略能力，更好履行新时代人民军队使命任务」

"全面提高捍卫国家主权、安全、发展利益的战略能力,更好履行新时代人民军队使命任务"

2022年1月4日,习主席连续第五年签署中央军委1号命令,向全军发布开训动员令,吹响练兵备战的时代号角。

一号命令,一号使命——

"紧盯科技之变、战争之变、对手之变,大力推进战训耦合,大力推进体系练兵,大力推进科技练兵,全面推进军事训练转型升级,练就能战善战的精兵劲旅。"

实战必先实训。

"我想的最多的就是,在党和人民需要的时候,我们这支军队能不能始终坚持住党的绝对领导,能不能拉得上去、打胜仗,各级指挥员能不能带兵打仗、指挥打仗。"

★ 火箭军某旅在发射场进行夜间火力突击演练（资料照片，多重曝光）。（新华社发 刘明松摄）

统帅发出的"胜战之问"，振聋发聩。深化国防和军队改革，必须扭住能打仗、打胜仗这个强军之要。

2014年，一场"头脑风暴"席卷全军，由习主席亲自推动的"战斗力标准大讨论"在全军部队如潮如涌——

"战斗力标准是什么？""战斗力现状怎么看？""战斗力建设怎么办？"……从军委机关到基层一线，从领导干部到普通一兵，从中军帐到演兵场，全军上下共议战斗力，共谋打赢策。

兵不闲习，不可以当敌。新时代军事训练将永远铭记这个历史性时刻——

8 "建设一支听党指挥能打胜仗作风优良的人民军队"

2018年新年伊始,中央军委隆重举行开训动员大会,习主席一身戎装、冒着严寒向全军发布训令,号召全军全面加强实战化军事训练,全面提高打赢能力。

这是中央军委首次统一组织全军开训动员,也是新修订的《中国人民解放军军事训练条例(试行)》施行后的首次军队开训。

统帅千钧授,三军一念同。

近年来,习主席亲自筹划重大演训活动,决策重大军事行动,临机抽点拉动部队,全军上下备战打仗的导向更加明显、氛围更加浓厚。

强国梦、强军梦,离不开国防科技创新和人才队伍建设。

党的十八大以来,在不同场合、不同时机,习主席对科技创新作出深刻阐述——

"谁牵住了科技创新这个牛鼻子,谁走好了科技创新这步先手棋,谁就能占领先机、赢得优势""把创新摆在我军建设发展全局的重要位置""国防科技和武器装备发展必须向以创新驱动发展为主转变"……

统帅号令,激励着全军广大科研人员只争朝夕,加速在一些战略必争领域形成独特优势,力争实现由"跟跑""并跑"向"并跑""领跑"转变。

进入新时代,人才强军号角催征——

2013年11月，习主席在视察国防科技大学时，提出要实施人才强军战略。

党的十九大报告对全面推进国防和军队现代化作出新的战略筹划和全面布局，习主席提出要全面推进军事理论现代化、军队组织形态现代化、军事人员现代化、武器装备现代化。

2021年11月，中央军委人才工作会议在北京召开。习主席强调，要"深入实施新时代人才强军战略，确保为实现建军一百年奋斗目标提供坚实支撑"。

2022年1月，经习主席批准，中央军委印发《关于加强新时代军队人才工作的决定》。

强军之道，要在得人。党的十八大以来，习主席领导人民军队重振党管人才政治纲纪，立起为战育人鲜明导向，优化人员队伍结构布局，创新人力资源政策制度，推动我军人才工作取得历史性成就、发生历史性变革。

"全面提高捍卫国家主权、安全、发展利益的战略能力，更好履行新时代人民军队使命任务。"2020年10月23日，习主席在纪念中国人民志愿军抗美援朝出国作战70周年大会上的讲话掷地有声。

和平需要维护，能战方能止战。

2022年1月28日，中华民族传统节日春节来临之际，习主席到中部战区视察慰问时，同中部战区海外维和分队进行了视频通话，强调——

"要忠实履行维和使命，为维护世界和平贡献更多中国力量，向世界展示中国军队良好形象。"

同一天，应汤加王国关于火山灾害救援的请求，中国空军两架运–20飞机搭载30多吨应急和灾后重建物资，经过一万多公里的长途飞行，抵达汤加首都。

近年来，面对世界百年未有之大变局，中国军队从参与联合国维和行动到维护国际海上通道安全，从参加国际灾难救援、提供人道主义援助到全方位开展安全交流合作，为构建人类命运共同体作出了积极努力。

千川汇海阔，风正好扬帆。今天，我们比历史上任何时期都更接近中华民族伟大复兴的目标，比历史上任何时期都更需要建设一支强大的人民军队！

背负着民族的希望，即将迎来95年华诞的人民军队，坚持以习近平新时代中国特色社会主义思想为指导，深入贯彻习近平强军思想，深入贯彻新时代军事战略方针，以党在新时代的强军目标为引领，向着胜利、向着中华民族的伟大复兴，勇毅前行！

（新华社北京2022年2月20日电　新华社记者黄明、刘济美）

❾ "牢牢把握服务民族复兴、促进人类进步这条主线"

——"十个明确"彰显马克思主义中国化新飞跃述评之九

《中共中央关于党的百年奋斗重大成就和历史经验的决议》中,以"十个明确"系统总结习近平新时代中国特色社会主义思想核心内涵,其中之一是明确中国特色大国外交要服务民族复兴、促进人类进步,推动建设新型国际关系,推动构建人类命运共同体。

党的十八大以来,以习近平同志为核心的党中央洞察国际风云变幻,把握历史前进方向,既为中国人民谋幸福、为中华民族谋复兴,又为人类谋进步、为世界谋大同,引领中国特色大国外交在世界大变局中开创新局,为人类发展进步事业作出重要贡献。

统筹国内国际两个大局

"要胸怀两个大局,一个是中华民族伟大复兴的战略全局,一个是世界百年未有之大变局,这是我们谋划工作的基本出发点"

统筹国内国际两个大局:"要胸怀两个大局,一个是中华民族伟大复兴的战略全局,一个是世界百年未有之大变局,这是我们谋划工作的基本出发点"

2022年2月5日至6日,北京人民大会堂,习近平总书记同来华出席第24届冬奥会开幕式的外国领导人、国际组织负责人密集会晤,一个关键词被国际政要们反复提及——

"支持习近平主席提出的全球发展倡议""习近平主席提出的全球发展倡议,对推动实现联合国2030年可持续发展目标、解决全球发展不平等不平衡问题具有重要意义"……

"全球发展倡议",一个蕴含着中国全面建成小康社会宝贵经验的全球化表达,自2021年习近平总书记在联合国大会首次提出,短短数月间,在国际社会凝聚起强烈广泛共识。

习近平总书记说:"我提出全球发展倡议,旨在推动全球发展迈向平衡协调包容新阶段""这个倡议是向全世界开放的公共产品""坚持以人民为中心,提升全球发展的公平性、有效性、包容性,努力不让任何一个国家掉队"……

从"共同富裕路上,一个不能掉队"到"努力不让任何一个国家掉队",两个"不掉队",让世界看到了一位大党大国领袖的历史担当与人民情怀、天下情怀。

当中国特色社会主义进入新时代,当实现中华民族伟大复兴进入关键时期,中国在全球坐标系中的位置发生着深刻变迁,中国同世界的关系从未如此紧密。

新形势下,应如何看待这个世界,如何处理中国同世界的关系?这是习近平总书记思考的重要课题。

"要胸怀两个大局,一个是中华民族伟大复兴的战略全局,一个是世界百年未有之大变局,这是我们谋划工作的基本出发点",习近平总书记深刻指出。

2013年10月,新中国成立以来首次周边外交工作座谈会在北京召开,习近平总书记提出周边外交的基本方针:坚持与邻为善、以邻为伴,坚持睦邻、安邻、富邻,突出体现亲、诚、惠、容的理念;

2014年11月的中央外事工作会议上,习近平总书记强调,中国必须有自己特色的大国外交,并就新形势下不断拓展和深化外交战略布局提出要求；

2018年6月的中央外事工作会议，确立了习近平外交思想的指导地位，用"十个坚持"深刻阐述其主要内容，为新时代中国外交提供根本遵循和行动指南。

习近平总书记指出："牢牢把握服务民族复兴、促进人类进步这条主线""为和平发展营造更加有利的国际环境，维护和延长我国发展的重要战略机遇期"……

统筹国内国际两个大局，"胸怀天下、立己达人"的时代价值愈发凸显。

2021年8月，美军撤离阿富汗，给当地人民留下饥饿与贫困，为地区安全带来严峻挑战。

"大家是命运共同体，也是安全共同体。关键时刻应该共同发挥作用，共同维护比金子还珍贵的和平稳定。"出席上合组织和集安组织成员国领导人阿富汗问题联合峰会，习近平总书记就阿富汗问题提出3点意见建议——推动阿富汗局势尽快平稳过渡；同阿富汗开展接触对话；帮助阿富汗人民渡过难关。

随后，中国一批批粮食、物资、新冠疫苗运抵邻国阿富汗，为当地人民纾忧解困、雪中送炭。

积极参与朝鲜半岛核、伊朗核、阿富汗、缅甸、中东、叙利亚等重大地区热点问题的解决，成为派出维和人员最多的联合国安理会常任理事国,推动五核国发表关于防止核战争与避免军备竞赛的联合声明……在习近平总书记引领下,新时代中国既通过维护世界和平发展自己,又通过自身发展维护世界和平,始终做世界和平稳定的中流砥柱。

2021年11月,上海,第四届中国国际进口博览会如约而至。在新冠肺炎疫情反复延宕、经济全球化遭遇逆流背景下,进博会拥抱八方来客,尤显可贵。

连续四年,习近平总书记在进博会开幕式上发表主旨演讲,向世界传递出新时代中国"开放的大门只会越开越大"的鲜明信号——

"中国主动扩大进口,不是权宜之计,而是面向世界、

★ 2021年11月9日拍摄的国家会展中心(上海)南广场。(新华社记者郏惠我摄)

面向未来、促进共同发展的长远考量""共同把全球市场的蛋糕做大、把全球共享的机制做实、把全球合作的方式做活""让中国市场成为世界的市场、共享的市场、大家的市场""中国扩大高水平开放的决心不会变,同世界分享发展机遇的决心不会变"……

连年举办进博会、服贸会、广交会,统筹推进21个自贸试验区建设,高质量高标准建设海南自由贸易港,颁布实施外商投资法,签署区域全面经济伙伴关系协定……中国将自身发展同各国共同发展结合起来,与世界共享发展新机遇。

践行新型国家相处之道

「相互尊重、公平正义、合作共赢」

践行新型国家相处之道:"相互尊重、公平正义、合作共赢"

这是 2018 年中非合作论坛北京峰会前夕习近平总书记的一份外事活动日程表——

9 月 2 日,9:55,会见苏丹总统巴希尔;10:20,会见纳米比亚总统根哥布;10:45,会见毛里求斯总理贾格纳特……从早到晚,一天 11 场双边会晤,时间安排精确到分钟。

"尽管纳米比亚只是一个小国,但中国领导人说国家不分大小、一律平等。我们彼此相互尊重,我们的合作是互利共赢的。"谈及中非合作,纳米比亚总统根哥布由衷感慨,"有什么理由不欢迎中国这样的国家?"

在历史越来越"成为世界历史"的今天,国家间互动愈发频繁,国际关系应遵循什么样的规则?

★ 2021年6月25日，在肯尼亚纳库鲁郡的埃格顿大学，来自中国的农学教授刘高琼（左二）和学生们在温室大棚内讨论花卉育种和病虫害防治。（新华社记者张宇摄）

习近平总书记指出："要跟上时代前进步伐，就不能身体已进入21世纪，而脑袋还停留在过去，停留在殖民扩张的旧时代里，停留在冷战思维、零和博弈老框框内。"

基于对国际大势的准确把握，对和平共处五项原则的继承与发扬，习近平总书记开创性地提出推动构建相互尊重、公平正义、合作共赢的新型国际关系，为"国际关系向何处去"给出中国答案。

2022年2月，北京钓鱼台国宾馆，中俄元首举行"新春之会"，这也是近年来两位领导人举行的第38次会晤。

此次会晤，双方发表两国关于新时代国际关系和全球可

9 "牢牢把握服务民族复兴、促进人类进步这条主线"

★ 2010年7月3日，中国赴刚果（金）维和医疗分队医护人员在刚果（金）南基伍省布卡武机场运送油罐车爆炸中的受伤者。（新华社发 郭云飞摄）

持续发展的联合声明，集中阐述中俄在民主观、发展观、安全观、秩序观方面的共同立场。

习近平总书记指出："大国关系事关全球战略稳定，大国肩上都承担着特殊责任。"

拥有更多的资源、具备更强的能力，大国之间和睦世界才能和平，大国相互合作才有全球发展。从两国最高领导人频繁会晤到双方各领域务实合作全方位推进，中俄关系高水平发展，树立了新型国际关系的典范。

从推进中俄新时代全面战略协作伙伴关系，到明确提出"相互尊重、和平共处、合作共赢"的中美关系三点原则，强调要把稳舵,使中美两艘巨轮迎着风浪共同前行,不偏航、不失速,更不能相撞;从打造中欧和平、增长、改革、文明四大伙伴关系,到推动金砖合作走稳走实走远……中国致力于推进大国协调合作,推动构建总体稳定、均衡发展的大国关系框架。

习近平总书记从历史与现实的角度深刻阐述中国的国际关系观:"各国体量有大小、国力有强弱、发展有先后,但都是国际社会平等一员""中国自古倡导'强不执弱,富不侮贫',深知'国虽大,好战必亡'的道理""殖民主义、霸权主义的老路还能走得通吗?答案是否定的。不仅走不通,而且一定会碰得头破血流"……

在中国对外交往中,发展中国家历来处于基础性地位。

习近平总书记指出:"广大发展中国家是我国在国际事务中的天然同盟军,要坚持正确义利观,做好同发展中国家团结合作的大文章。"

2021年11月29日,一则新闻引发广泛关注——

中非合作论坛第八届部长级会议开幕式上,习近平总书记宣布:中国将再向非方提供10亿剂新冠疫苗,其中6亿剂为无偿援助。

此前,习近平总书记宣布将中国新冠疫苗作为全球公共产品,正是为了确保疫苗在非洲等发展中国家的可及性和可负担性，推动弥合"免疫鸿沟"。

讲信义、重情义、扬正义、树道义，作为独具中国特色的外交理念，正确义利观凝练着新的历史条件下中国发展同发展中国家整体关系的基本原则，丰富着新型国际关系理念的深刻内涵。

从正确义利观到真实亲诚对非工作方针，从中非合作论坛到中国—拉共体论坛、中国—阿拉伯国家合作论坛……中国始终不忘自身作为发展中国家的底色，永做发展中国家的可靠朋友和真诚伙伴，与广大发展中国家同呼吸、共命运、齐发展。

构建新型国际关系，习近平总书记是提出者、倡导者，更是推动者、践行者。党的十八大以来，习近平总书记亲力亲为，作为国家主席先后出访41次，足迹遍及五大洲69国，在国内外主持和出席一系列重大多边外交活动，接待来华访问的国际政要数百位，引领中国同各国携手并进、合作共赢。

习近平总书记说："走四方固然辛苦，但收获是'朋友圈'越来越大。"

携手开辟人类光明前景

『构建人类命运共同体』

携手开辟人类光明前景:"构建人类命运共同体"

2013年3月,莫斯科国际关系学院。习近平总书记就任国家主席后,首站出访俄罗斯,向世界提出重大理念——

"人类生活在同一个地球村里,生活在历史和现实交汇的同一个时空里,越来越成为你中有我、我中有你的命运共同体"。

推动构建人类命运共同体,是对"建设一个什么样的世界、如何建设这个世界"重大课题的深邃思考,是对破解治理赤字、信任赤字、发展赤字、和平赤字给出的中国方案。

习近平总书记指出:"我国日益走近世界舞台中央,有能力也有责任在全球事务中发挥更大作用,同各国一道为解决全人类问题作出更大贡献。"

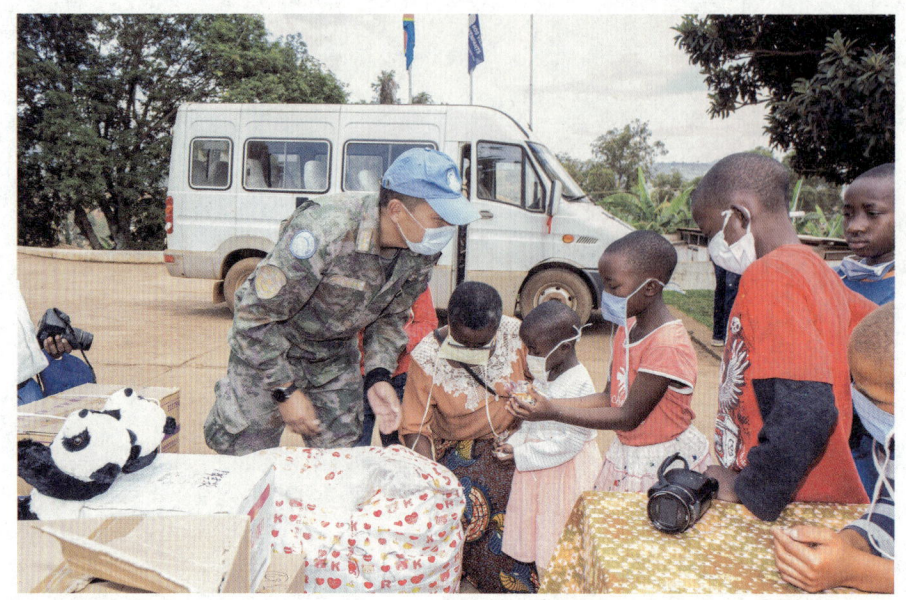

★ 2021年6月1日，在刚果（金）东部城市布卡武的SOS儿童村，中国第24批赴刚果（金）维和医疗分队的队员把糖果分给孩子们。（新华社发）

从写入党的十九大报告，载入党章和宪法，到多次写入联合国、上海合作组织等多边机制重要文件……构建人类命运共同体理念，作为马克思主义中国化时代化的最新成果之一，已成为引领时代潮流和人类前进方向的鲜明旗帜。

2015年9月，纽约联合国总部，习近平总书记在第70届联合国大会上首次提出——"和平、发展、公平、正义、民主、自由，是全人类的共同价值"。

"人类命运共同体""全人类共同价值"，两个"共同"，凝聚着全人类的最大公约数。全人类共同价值的提出，让人类命运共同体理念在价值层面进一步深入，内涵愈发丰富。

大道至简，实干为要。

推动构建人类命运共同体，元首外交定向把舵、砥砺前行——

双边层面，习近平总书记同哈萨克斯坦、巴基斯坦、柬埔寨、老挝、越南、缅甸等国领导人深入沟通，凝聚共识，倡导中国同有关国家构建命运共同体；

地区层面，习近平总书记在重大出访、主持重要主场外交活动场合，分别提出打造周边、亚洲、亚太、中国—东盟、上合组织、中国—中亚、中非、中阿、中拉命运共同体重大倡议；

全球层面，习近平总书记倡议构建网络空间、核安全、海洋、卫生健康等命运共同体，得到各方积极呼应。

推动构建人类命运共同体，"一带一路"倡议应者云集、各方共商共建共享——

2022年2月6日，北京，中国同阿根廷签署共建"一带一路"谅解备忘录。

至此，同中国签署相关合作文件的国家增至148个。

"'一带一路'是大家携手前进的阳光大道，不是某一方的私家小路。所有感兴趣的国家都可以加入进来，共同参与、共同合作、共同受益。"

自2013年秋习近平总书记提出共建"一带一路"倡议以来，

★ 2021年10月15日，"澜沧号"动车组通过中老友谊隧道内的两国边界。（新华社发 曹安宁摄）

8年多时间，世界上已有超过三分之二的国家同中国就此达成合作共识。

政策沟通、设施联通、贸易畅通、资金融通、民心相通，共建"一带一路"成为推动构建人类命运共同体的重要实践平台，也是当今世界范围最广、规模最大的国际合作平台。

推动构建人类命运共同体，中国积极参与全球治理体系变革，不断贡献智慧力量、展现大国担当——

2016年9月，二十国集团领导人杭州峰会期间，习近平总书记全面阐述中国的全球经济治理观——以平等为基础，以开放为导向，以合作为动力，以共享为目标，推动二十国

★ 2021年9月12日，在老挝首都万象北郊的中国中铁二局中老铁路铺轨基地，希达·平蓬莎万（中）跟着中国师傅（右）检查列车。（新华社发 凯乔摄）

集团实现从短期政策向中长期政策转型，从危机应对向长效治理机制转型。

"数百年来列强通过战争、殖民、划分势力范围等方式争夺利益和霸权逐步向各国以制度规则协调关系和利益的方式演进""加强全球治理、推进全球治理体制变革已是大势所趋""这不仅事关应对各种全球性挑战，而且事关给国际秩序和国际体系定规则、定方向"……

在国际货币基金组织中的份额和投票权跃居第三位，发起成立亚洲基础设施投资银行、金砖国家新开发银行，设立丝路基金，人民币正式纳入特别提款权货币篮子……新时代

★ 图为2021年10月25日拍摄的亚洲基础设施投资银行（亚投行）标志。（新华社记者李贺摄）

中国已从全球金融体系的普通参与者，转变为公共产品的提供者和变革的"发动机"。

从亚太经合组织领导人北京会议到二十国集团领导人杭州峰会，从"一带一路"国际合作高峰论坛到中非合作论坛北京峰会，从中国共产党与世界政党领导人峰会到《生物多样性公约》第十五次缔约方大会……

一场场主场外交，记录着习近平总书记引领中国推动完善全球治理、推动构建人类命运共同体、弘扬全人类共同价值的历史进程。

"让我们携起手来，站在历史正确的一边，站在人类进步的一边，为实现世界永续和平发展，为推动构建人类命运共同体而不懈奋斗！"

2021年10月25日，中华人民共和国恢复联合国合法席位50周年之际，习近平总书记向全世界发出呼吁。

为民族复兴尽责、为人类进步担当。在以习近平同志为核心的党中央坚强领导下，新时代中国特色大国外交必将不断开创新局面、开辟新境界，为人类作出新的更大贡献！

（新华社北京2022年2月21日电　新华社记者刘华、伍岳、朱超、马卓言）

⑩ "我们只有勇于自我革命才能赢得历史主动"

——"十个明确"彰显马克思主义中国化新飞跃述评之十

《中共中央关于党的百年奋斗重大成就和历史经验的决议》，用"十个明确"概括了习近平新时代中国特色社会主义思想的核心内涵，其中之一是——

"明确全面从严治党的战略方针，提出新时代党的建设总要求，全面推进党的政治建设、思想建设、组织建设、作风建设、纪律建设，把制度建设贯穿其中，深入推进反腐败斗争，落实管党治党政治责任，以伟大自我革命引领伟大社会革命。"

胜人者有力，自胜者强。

党的十八大以来，以习近平同志为核心的党中央以强烈的历史主动精神推进党的自我革命，以坚定决心、顽强意志、空前力度推进全面从严治党，从理论和实践上深刻回答了建设什么样的长期执政的马克思主义政党、怎样建设长期执政的马克思主义政党的时代课题，开辟了管党治党新境界。

作答强党之问:"办好中国的事情,关键在党,关键在坚持党要管党、全面从严治党"

习近平总书记深刻指出:"我们只有勇于自我革命才能赢得历史主动"。

历经岁月洗礼愈发朝气蓬勃,饱经磨难考验依然初心如磐,坚持自我革命,全面从严治党,这是百年大党立志千秋伟业而作出的战略抉择。

中国特色社会主义进入新时代,中华民族伟大复兴进入关键时期,中国共产党要实现全面建成小康社会的第一个百年奋斗目标,继而向全面建设社会主义现代化国家、实现第二个百年奋斗目标的新征程继续奋进,艰巨繁重的使命任务对党提出前所未有的挑战、要求。

非凡之事业,非凡之担当。

2012年11月15日，人民大会堂。面对中外记者，刚刚当选中共中央总书记的习近平语气冷静而坚毅："打铁还需自身硬。"

通俗形象的话语，道出质朴深刻的逻辑：打最硬的铁，须是铁打的人。

治国必先治党，治党务必从严。

2014年12月，在江苏考察时，习近平总书记明确提出"全面从严治党"，并将其与全面建成小康社会、全面深化改革、全面依法治国并列，形成"四个全面"战略布局。

2016年10月，党的十八届六中全会专题研究全面从严治党。

2017年10月，党的十九大将"坚持全面从严治党"确立为新时代坚持和发展中国特色社会主义的基本方略之一，并从8个方面作出具体部署。

党的十九大后，习近平总书记又提出"两大革命"的重要论断，强调"要把新时代坚持和发展中国特色社会主义这场伟大社会革命进行好，我们党必须勇于进行自我革命"。

从"从严治党"到"全面从严治党"，从"党的自我革命"到"以伟大自我革命引领伟大社会革命"，展现出新时代中国共产党人的远见和清醒。

一段时间以来，由于一度出现管党不力、治党不严问题，有些党员、干部政治信仰出现严重危机；一些地方和部门选人用人风气不正，"四风"盛行，特权思想和特权现象较为普遍存在；特别是"七个有之"问题严重影响党的形象和威信……

以习近平同志为核心的党中央以深沉的忧患感和强烈的紧迫感，将全面从严治党摆在事关党和国家生死存亡的高度，摆在治国理政全局至关重要的位置，以世所罕见的力度正风肃纪、反腐惩恶，消除了党和国家内部存在的严重隐患，带领百年大党在革命性锻造中更加坚强，焕发出新的强大生机活力。

淬火成钢，再铸辉煌。

党的十八大以来，全面从严治党取得历史性、开创性成就，产生全方位、深层次影响，成为新时代党治国理政的一个鲜明特征，开辟了百年大党自我革命的新境界。

求索大党之治

『探索出一条长期执政条件下解决自身问题、跳出历史周期率的成功道路』

求索大党之治:"探索出一条长期执政条件下解决自身问题、跳出历史周期率的成功道路"

2021年11月11日下午,北京人民大会堂,党的十九届六中全会第二次全体会议在这里举行。

会上,习近平总书记特别提到了"窑洞对"——

"我们党历史这么长、规模这么大、执政这么久,如何跳出治乱兴衰的历史周期率?"

"毛泽东同志在延安的窑洞里给出了第一个答案,这就是'只有让人民来监督政府,政府才不敢松懈'。经过百年奋斗特别是党的十八大以来新的实践,我们党又给出了第二个答案,这就是自我革命。"

以党的自我革命引领全面从严治党,习近平总书记带领全党探索出一条长期执政条件下解决自身问题、跳出历史周期率的成功道路。

——坚持政治引领,把全党凝聚成"一块坚硬的钢铁"。

"各级党委和领导干部要自觉讲政治,对国之大者一定要心中有数,要时刻关注党中央在关心什么、强调什么"。2020年4月,在秦岭考察时,习近平总书记谆谆告诫。

秦岭,我国重要的生态安全屏障,中华文化的重要象征。曾几何时,一些人竟将国家公园变成私家花园,北麓违建别墅如块块疮疤。

对此,习近平总书记6次作出重要指示批示,要求"首

★ 大型机械在陕西省西安市长安区秦岭违建别墅群"群贤别业"内进行拆除工作(2018年9月6日摄,无人机照片)。(新华社记者邵瑞摄)

★ 图为陕西省西安市长安区秦岭违建别墅"群贤别业"拆除后建设的秦岭和谐森林公园（2019年7月26日摄，无人机照片）。（新华社记者刘潇摄）

先从政治纪律查起",坚决推动这一问题查处。2018年7月以来,位于秦岭北麓西安境内的1100多栋违建别墅被依法拆除,多名领导干部因违纪违法被查处。

壹引其纲,万目皆张。全面从严治党,首先要从政治上看。

习近平总书记明确新时代党的建设总要求,将政治建设作为根本性、统领性建设,把保证全党服从中央、维护党中央权威和集中统一领导作为党的政治建设的首要任务,严明政治纪律和政治规矩,充分发挥巡视监督利剑作用,坚决治理"七个有之"问题,清除阳奉阴违的"两面人",以精准有力政治监督确保党中央大政方针和决策部署贯彻落实。

全党上下切实增强"四个意识"、坚定"四个自信"、做到"两个维护",不断提高政治判断力、政治领悟力、政治执行力,在党的旗帜下凝聚成"一块坚硬的钢铁"。

——坚持系统推进,打出一套自我革命"组合拳"。

2021年仲夏,习近平总书记来到中国共产党历史展览馆参观。

在中央八项规定展板前,总书记停下脚步、仔细察看:"现在这里面的8条,精简会议活动、改进警卫工作、改进新闻报道、厉行勤俭节约,做得都不错,还是要反复讲、反复抓……"

持之以恒,方得始终。

★ 在广西柳州市融水苗族自治县良寨乡培洞村,纪检监察干部(右一、二、三)在检查扶贫道路施工情况(2019年11月5日摄)。(新华社记者黄孝邦摄)

管好治好一个拥有 9500 多万名党员的世界第一大执政党，不啻于一项浩大复杂的系统"工程"。以习近平同志为核心的党中央以改革创新精神推进党的建设、引领伟大实践——

从中央八项规定破题，以上率下抓作风建设，解决"老虎吃天不知从哪儿下口"的问题。党的十八大以来到 2021 年 6 月，共有 62.6 万件违反中央八项规定精神问题被查处；

以雷霆万钧反腐败破局，"打虎""拍蝇""猎狐"多管齐下，推动反腐败斗争取得压倒性胜利并全面巩固。党的十八大以来到 2021 年 10 月，全国纪检监察机关共立案 407.8 万件、437.9 万人，其中立案审查调查中管干部 484 人，给予党纪政务处分 399.8 万人；

党内经常性教育和集中性教育相结合，从党的群众路线教育实践活动、"三严三实"专题教育、"两学一做"学习教育、"不忘初心、牢记使命"主题教育，到党史学习教育，广大党员干部理想信念更加坚定、党性更加坚强；

明责任、强组织、严纪律，落实管党治党政治责任，开创性提出新时代党的组织路线，抓好执政骨干队伍和人才队伍建设，把党建设得更加坚强有力……

——坚持破立并举，不断完善权力监督制度和执纪执法体系。

2018年3月20日，十三届全国人大一次会议表决通过我国反腐败领域的基础性法律《中华人民共和国监察法》。

3天后，一个具有创制意义的国家反腐败机构"中华人民共和国国家监察委员会"挂牌成立。

习近平总书记指出："要将正风肃纪反腐与深化改革、完善制度、促进治理贯通起来"。

党的十八大以来，以习近平同志为核心的党中央始终立足根本、着眼长远，坚持全面从严治党与全面深化改革、全面依法治国相互促进、相得益彰。

制度治党全面进入"快车道"：从纪律处分条例、问责条例，到关于新形势下党内政治生活的若干准则、党内监督条例，再到首部《中国共产党纪律检查委员会工作条例》，一系列基础性关键性党内法规制定修订，形成比较完善的党内法规体系；完善党和国家监督体系，深化国家监察体制改革，中国特色社会主义监督制度逐步成熟定型……

从"治标为治本赢得时间"的大刀阔斧，到夯基固本、建章立制的工笔细画，新时代党的自我革命书写了中国共产党自身建设的新篇章。

迎接新的赶考

『确保党不变质、不变色、不变味』

迎接新的赶考:"确保党不变质、不变色、不变味"

2022年1月11日,北京西郊。

省部级主要领导干部学习贯彻党的十九届六中全会精神专题研讨班在中央党校开班,习近平总书记出席开班式并发表重要讲话。

面对党内"关键少数",总书记语重心长:"在新的历史条件下,要永葆党的马克思主义政党本色,关键还得靠我们党自己。""不论谁在党纪国法上出问题,党纪国法决不饶恕。"

7天之后,京西宾馆。

党的百年华诞后首次中央纪委全会上,习近平总书记深刻剖析当前反腐败斗争新的阶段性特征,以"四个任重道远"

警示全党——

"防范形形色色的利益集团成伙作势、'围猎'腐蚀还任重道远，有效应对腐败手段隐形变异、翻新升级还任重道远，彻底铲除腐败滋生土壤、实现海晏河清还任重道远，清理系统性腐败、化解风险隐患还任重道远。"

言之切切，洞察深远。

迎接新的赶考，任务更加艰巨、挑战更加严峻。

百年变局和世纪疫情相互叠加，世界进入新的动荡变革期。我们面临的各种斗争不是短期的而是长期的，将伴随实现第二个百年奋斗目标全过程。

与此同时，党面临的"四大考验""四种危险"依然复杂严峻，全面从严治党决不能有停一停、歇一歇的想法，面对新问题、迎接新挑战，必须把党的自我革命进行到底。

——坚持自我革命，必须以党的政治建设为统领，切实做到"两个维护"。

政治问题和经济问题交织、极度腐化堕落的典型，严重违反政治纪律和政治规矩……近期热播的电视专题片《零容忍》中，孙力军案件暴露出的政治问题触目惊心。

腐败问题本质上是政治变质，腐败问题的背后，往往有政治问题。

习近平总书记深刻指出，必须坚持以党的政治建设为统

★ 江苏省连云港市灌云县纪委监委在当地同兴镇梅园文化广场举行廉政文化进乡村活动，图为活动中展示的廉政主题剪纸（2021年1月14日摄）。（新华社记者李博摄）

领，坚守自我革命根本政治方向。

"对新时代党和国家事业发展、对推进中华民族伟大复兴历史进程具有决定性意义"——党的第三个历史决议对"两个确立"重大意义的深刻阐述，既是历史经验的深刻总结，又是开创未来的根本依靠。

加强党的政治建设，根本要求是坚决捍卫"两个确立"、始终做到"两个维护"。

党的十八大以来的伟大实践雄辩证明，这是全党在革命性锻造中形成的共同意志，是战胜前进路上一切艰难险阻的根本优势。

——坚持自我革命，必须增强全面从严治党永远在路上的政治自觉。

2022年第一个月，中央纪委国家监委网站就公开发布了7名中管干部接受审查调查的消息。刚刚过去的2021年中，该网站公布的接受审查调查的中管干部多达25名。

"'怎么老抓？没完没了。'只要存在就没完没了，就是要永远进行时。"习近平总书记斩钉截铁。

在党的十九大报告中，习近平总书记将过去人们所熟知的"打铁还需自身硬"变成了"打铁必须自身硬"，一词之变凸显的是全面从严治党的坚定信念，更是将自我革命进行到底的非凡勇气。

迈上新征程，习近平总书记语气坚定："增强全面从严治党永远在路上的政治自觉，决不能滋生已经严到位的厌倦情绪。"

——坚持自我革命，必须站稳以人民为中心的政治立场。

自我革命，犹如拿起手术刀给自己动手术，中国共产党为什么能做到？

无私者，无畏。

习近平总书记深刻指出，我们党之所以有自我革命的勇气，是因为我们党除了国家、民族、人民的利益，没有任何自己的特殊利益。

★ 村民在广西鹿寨县鹿寨镇波井村政务服务中心学习使用"廉情驿站"（2021年12月16日摄）。"廉情驿站"集廉政知识宣传、廉情信息收集、全天候网上监督等功能为一体，村民通过手机就能对村内事务进行24小时"云监督"。（新华社记者黄孝邦摄）

人民，是自我革命的勇气之源、底气所在。

"人民群众反对什么、痛恨什么，我们就要坚决防范和打击。""不得罪成百上千的腐败分子，就要得罪十三亿人民。""我们不能关起门来搞自我革命，而要多听听人民群众意见，自觉接受人民群众监督。"

……

赶考远未结束。新的赶考路上，既有无限风光，亦有乱云飞渡。

开新局于伟大的社会革命，强体魄于伟大的自我革命。

在以习近平同志为核心的党中央坚强领导下，以永远在路上的坚定执着将党的自我革命进行到底，确保党不变质、不变色、不变味，确保党在新时代坚持和发展中国特色社会主义的历史进程中始终成为坚强领导核心，中国特色社会主义事业航船定能劈波斩浪、一往无前。

（新华社北京 2022 年 2 月 22 日电　新华社记者朱基钗、孙少龙、王琦、高蕾）

11 让当代中国马克思主义放射出更加灿烂的真理光芒

——"十个明确"彰显马克思主义中国化新飞跃

习近平新时代中国特色社会主义思想是当代中国马克思主义、二十一世纪马克思主义，是中华文化和中国精神的时代精华，实现了马克思主义中国化新的飞跃。

党的十九届六中全会审议通过《中共中央关于党的百年奋斗重大成就和历史经验的决议》，用"十个明确"概括了习近平新时代中国特色社会主义思想的核心内容。

习近平新时代中国特色社会主义思想深刻回答了新时代坚持和发展什么样的中国特色社会主义、怎样坚持和发展中国特色社会主义，建设什么样的社会主义现代化强国、怎样建设社会主义现代化强国，建设什么样的长期执政的马克思主义政党、怎样建设长期执政的马克思主义政党等重大时代课题，提出一系列原创性的治国理政新理念新思想新战略。深入领会"十个明确"，准确把握习近平新时代中国特色社会主义思想蕴含的原创性贡献，是新征程上我们把握历史主动、创造新的胜利的根本保证。

与时俱进拓展这条道路推动中国特色社会主义道路越走越宽广』

"坚定不移走这条道路、与时俱进拓展这条道路，推动中国特色社会主义道路越走越宽广"

中国特色社会主义进入新时代是我国发展新的历史方位。

党的十八大以来，以习近平同志为核心的党中央统筹把握中华民族伟大复兴战略全局和世界百年未有之大变局，团结带领亿万人民承前启后、继往开来，在新的历史条件下继续夺取中国特色社会主义伟大胜利。

新时代坚持和发展什么样的中国特色社会主义、怎样坚持和发展中国特色社会主义？习近平总书记进行了深邃思考。

明确"中国共产党领导"是中国特色社会主义最本质的特征、中国特色社会主义制度的最大优势——

习近平总书记深刻指出："中国共产党领导是中国特色

社会主义最本质的特征,是中国特色社会主义制度的最大优势,是党和国家的根本所在、命脉所在,是全国各族人民的利益所系、命运所系。"

中国共产党是中国特色社会主义事业的领导核心,处在总揽全局、协调各方的地位。

以习近平同志为核心的党中央深刻揭示党的领导与中国特色社会主义的相互关系,标志着我们党对马克思主义建党学说和社会主义发展规律的认识达到新的高度。

把"党政军民学,东西南北中,党是领导一切的"写入党章,把"中国共产党领导是中国特色社会主义最本质的特征"写入宪法……

在党中央组建一系列顶层机构,全面加强党对全面深化改革、全面依法治国、财经、外事、国家安全、网信等重大工作的领导;将党的领导贯彻和融入到意识形态、国有企业治理、高校领导体制、群团组织建设等各领域各方面工作之中……

一系列基础性、创制性、战略性举措,使党中央真正成为坐镇中军帐的"帅",车马炮各展其长,一盘棋大局分明。全党上下"如身使臂,如臂使指,叱咤变化,无有留难"。

擘画中国特色社会主义事业"五位一体"总体布局和"四个全面"战略布局,强调坚定"四个自信"——

★ 党员在上海中共一大纪念馆里重温入党誓词（2021年6月3日摄）。（新华社记者刘颖摄）

2014年12月，习近平总书记在江苏调研时，将"全面建成小康社会、全面深化改革、全面推进依法治国、全面从严治党"并提，明确了我们党治国理政的战略布局。

党的十九大明确，中国特色社会主义事业总体布局是"五位一体"、战略布局是"四个全面"，强调坚定道路自信、理论自信、制度自信、文化自信。

站在历史的交汇点上，党的十九届五中全会为"十四五"时期发展谋篇布局，"四个全面"战略布局中的首个"全面"由"全面建成小康社会"发展为"全面建设社会主义现代化国家"。

统筹推进"五位一体"总体布局,协调推进"四个全面"战略布局,以习近平同志为核心的党中央推动党和国家事业取得历史性成就、发生历史性变革,创造了一个又一个彪炳史册的奇迹。

着眼国家治理体系和治理能力现代化,为中国特色社会主义提供更加坚实的制度支撑——

经国序民,正其制度。

党的十八大以来,习近平总书记把制度建设摆到更加突出的位置,强调"构建系统完备、科学规范、运行有效的制度体系,使各方面制度更加成熟更加定型"。

2013年11月,具有划时代意义的党的十八届三中全会,首次提出"推进国家治理体系和治理能力现代化"这个重大命题。

党的十八届三中全会作出全面深化改革的顶层设计、四中全会专题研究全面依法治国,党的十九届三中全会拉开改革开放以来最大规模机构改革大幕、四中全会在党的历史上首次专题研究坚持和完善中国特色社会主义制度、推进国家治理体系和治理能力现代化问题……

九年多来,支撑中国特色社会主义制度的根本制度不断筑牢、基本制度更加完善、重要制度不断创新,各领域基础性制度框架基本确立,系统完备、科学规范、运行有效的制度体系日渐成型。

如期实现全面建成小康社会目标,历史性解决绝对贫困问题,开启全面建设社会主义现代化国家新征程;经济总量超过110万亿元,连年对世界经济增长贡献率超过30%;改革发展成果惠及更多百姓,天蓝、地绿、水清的"美丽中国"画卷徐徐展开……

"中国之制"充分转化为国家治理效能,成就了经济快速发展和社会长期稳定"两大奇迹"。

大道之行,壮阔无垠。

历史和现实充分证明,中国特色社会主义是实现中华民族伟大复兴的唯一正确道路。

「全面建成社会主义现代化强国的目标一定能够实现中华民族伟大复兴的中国梦一定能够实现」

"全面建成社会主义现代化强国的目标一定能够实现，中华民族伟大复兴的中国梦一定能够实现"

建设一个现代化的强国，是近代以来中国人矢志不渝的梦想。

从发展全过程人民民主，到推动人的全面发展、全体人民共同富裕取得更为明显的实质性进展；从贯彻新发展理念、构建新发展格局，到推动高质量发展；从新时代的强军目标，到中国特色大国外交……

习近平新时代中国特色社会主义思想指明了中国式现代化道路的新图景，深刻回答了建设什么样的社会主义现代化强国、怎样建设社会主义现代化强国的重大时代课题。

2021年7月1日，天安门城楼上，习近平总书记庄严宣告——

"经过全党全国各族人民持续奋斗，我们实现了第一个百年奋斗目标，在中华大地上全面建成了小康社会，历史性地解决了绝对贫困问题，正在意气风发向着全面建成社会主义现代化强国的第二个百年奋斗目标迈进。"

全面建设社会主义现代化强国，习近平总书记在党的十九大上清晰描绘时间表、路线图——

"在全面建成小康社会的基础上，分两步走在本世纪中叶建成富强民主文明和谐美丽的社会主义现代化强国"。

以中国式现代化推进中华民族伟大复兴，在一代又一代接续奋斗的基础上，作出新的"两步走"战略安排，不仅把原来第二个百年目标实现的时间表提前了15年，还提出了更高的目标、更高的追求。

"我们建设的现代化必须是具有中国特色、符合中国实际的"，习近平总书记深刻揭示中国式现代化的丰富内涵——

"我国现代化是人口规模巨大的现代化，是全体人民共同富裕的现代化，是物质文明和精神文明相协调的现代化，是人与自然和谐共生的现代化，是走和平发展道路的现代化"。

治国之道，富民为始。

2021年6月，《中共中央　国务院关于支持浙江高质量发展建设共同富裕示范区的意见》发布。"所有的人富裕"这一马克思、恩格斯对未来社会的美好设想，正在中国大地化为"共同富裕"的生动实践。

习近平总书记强调，共同富裕是社会主义的本质要求，是人民群众的共同期盼。

从脱贫攻坚"一个也不能少"的庄严承诺，到疫情防控"一个都不放弃"的全力救治；从"十三五"规划纲要把"坚持人民主体地位"作为首要原则，到"十四五"规划纲要将"全体人民共同富裕取得更为明显的实质性进展"作为奋斗目标……人民至上，是建设社会主义现代化强国的价值取向和力量源泉。

"现代化不是单选题。历史条件的多样性，决定了各国选择发展道路的多样性。"习近平总书记在对历史规律的深刻把握中，展现出马克思主义政治家、战略家的远见与自信。

对全面建设社会主义现代化强国，习近平总书记高瞻远瞩、把舵定向——

2012年12月，党的十八大后首次出京考察前往广东，习近平总书记思虑深远："我们建设现代化国家，走美欧老路是走不通的，再有几个地球也不够中国人消耗。"

九年后的几乎同一时间，中央经济工作会议上，习近平总书记强调："必须坚持高质量发展"。

九年多来,从作出新常态的重大判断,到推进供给侧结构性改革的重大部署,从创造性提出新发展理念的理论飞跃,到作出构建新发展格局的战略抉择……习近平总书记为马克思主义政治经济学注入新的时代内涵。

九年多来,实施创新驱动发展战略,引领文化建设,保障和改善民生,推进国防和军队现代化……习近平总书记提出的"健康中国""美丽中国""平安中国"等奋斗目标,汇成社会主义现代化强国的"大愿景"。

把握新发展阶段,贯彻新发展理念,构建新发展格局。

今天,"嫦娥探月""天问探火"等一项项大国重器夯

★ 图为"着巡合影"图。2021年6月11日,国家航天局在北京举行天问一号探测器着陆火星首批科学影像图揭幕仪式,公布了由祝融号火星车拍摄的着陆点全景、火星地形地貌、"中国印迹"和"着巡合影"等影像图。首批科学影像图的发布,标志着我国首次火星探测任务取得圆满成功。(新华社发 国家航天局供图)

实中国奔向现代化的底气，奔腾不息的长江黄河奏响新的澎湃乐章，昔日黄沙遮天的塞罕坝变成绿意盎然的林海，"一带一路"朋友圈不断壮大……在创新、协调、绿色、开放、共享的新发展理念指引下，中国高质量发展之路越走越宽广。

展望本世纪中叶，中国十几亿人口整体迈入现代化社会，将彻底改写现代化的世界版图，意义深远——

中华民族，将以更加昂扬的姿态屹立于世界民族之林，为促进人类进步作出更大贡献。

「長期执政条件下解决自身问题跳出历史周期率的成功道路」

"我们探索出一条长期执政条件下解决自身问题、跳出历史周期率的成功道路"

"勇于自我革命是我们党区别于其他政党的显著标志，是党跳出治乱兴衰历史周期率、历经百年沧桑更加充满活力的成功秘诀。"

2022年1月20日，十九届中央纪委六次全会通过的公报鲜明指出百年大党永葆生机的奥秘。

70多年前，在陕北的窑洞，面对如何跳出历史周期率的问题，毛泽东同志给出了第一个答案："只有让人民起来监督政府，政府才不敢松懈"。

经过百年奋斗特别是党的十八大以来新的实践，习近平总书记提出"党的自我革命"这一重要命题，引领我们党用勇于自我革命的行动找到"窑洞之问"的"第二个答案"，充分体现了以习近平同志为核心的党中央对马克思主义建党学说的丰富发展，对共产党执政规律的认识达到新的高度。

时间回到九年前。世界百年变局加速演变，中华民族伟大复兴进入关键阶段，"四大考验"严峻复杂，"四种危险"尖锐深刻。

2012年11月15日，中外记者会聚北京人民大会堂东大厅。

镁光灯下，刚刚当选为中共中央总书记的习近平斩钉截铁地说："全党必须警醒起来。打铁还需自身硬。"

两天后，在主持十八届中共中央政治局第一次集体学习时，习近平总书记再次发出振聋发聩的警告：大量事实告诉我们，腐败问题越演越烈，最终必然会亡党亡国！

习近平总书记以革命者必先自我革命的坚定意志和决心，开启了新时代党的自我革命的伟大实践。

党的十八大以来的第十个年头，习近平总书记在十九届中央纪委六次全会上深刻指出：

"十年磨一剑，党中央把全面从严治党纳入'四个全面'战略布局，以前所未有的勇气和定力推进党风廉政建设和反腐败斗争，刹住了一些多年未刹住的歪风邪气，解决了许多长期没有解决的顽瘴痼疾，清除了党、国家、军队内部存在的严重隐患，管党治党宽松软状况得到根本扭转，探索出依靠党的自我革命跳出历史周期率的成功路径。"

依靠党的自我革命跳出历史周期率，必须旗帜鲜明讲政治，确保党不变色——

"全面从严治党首先要从政治上看，不能只讲腐败问题、不讲政治问题。"

习近平总书记提出新时代党的建设总要求，强调"以党的政治建设为统领""把党的政治建设摆在首位"，体现了对马克思主义政党建设规律认识的新飞跃。

万山磅礴，必有主峰。

2016年10月，党的十八届六中全会确立习近平同志为党中央的核心、全党的核心，正式提出以习近平同志为核心的党中央。

一年后，党的十九大把习近平新时代中国特色社会主义思想和习近平总书记的核心地位一同载入党章，写在党的旗帜上。

2021年11月，党的十九届六中全会通过的党的第三个历史决议指出，党确立习近平同志党中央的核心、全党的核心地位，确立习近平新时代中国特色社会主义思想的指导地位，反映了全党全军全国各族人民共同心愿，对新时代党和国家事业发展、对推进中华民族伟大复兴历史进程具有决定性意义。

新征程上，9500多万党员切实把"两个确立"的政治共识转化为"两个维护"的实际行动，就一定能够带领亿万中国人民战胜各种艰难险阻，在全面建设社会主义现代化国家新征程上创造新的时代辉煌、铸就新的历史伟业。

依靠党的自我革命跳出历史周期率，必须坚定不移反腐败，确保党不变质——

习近平总书记指出，只有以反腐败永远在路上的坚韧和执着，深化标本兼治，保证干部清正、政府清廉、政治清明，才能跳出历史周期率，确保党和国家长治久安。

从"打虎""拍蝇""猎狐"的震慑，到制度笼子的约束、精神之"钙"的补足，再到一体推进不敢腐、不能腐、不想腐体制机制建设……

一系列重要安排，开拓了党长期执政条件下自我净化、自我完善、自我革新、自我提高的新境界。

依靠党的自我革命跳出历史周期率，必须驰而不息抓作风，确保党不变味——

2013年7月11日，细雨中的西柏坡草木葱茏。纪念馆内，习近平总书记在一块展板前驻足良久。

"不做寿，这条做到了；不送礼，这个还有问题，所以反'四风'要解决这个问题；少敬酒，现在公款吃喝得到遏制，关键是要坚持下去……"总书记边看展板边说。

对照中国共产党人"进京赶考"前定下的规矩，中央八项规定指向清晰、具体可行,引领了一场深刻的党风政风之变、党心民心之变。

全面推进党的政治建设、思想建设、组织建设、作风建设、纪律建设,把制度建设贯穿其中……党的十八大以来,党在革命性锻造中更加坚强,焕发出新的强大生机活力。

"置身这一历史巨变之中的中国人更有资格、更有能力揭示这其中所蕴含的历史经验和发展规律,为发展马克思主义作出中国的原创性贡献"

"置身这一历史巨变之中的中国人更有资格、更有能力揭示这其中所蕴含的历史经验和发展规律，为发展马克思主义作出中国的原创性贡献"

2022年2月20日晚，北京冬奥会闭幕，标志着疫情发生以来首次如期举办的全球综合性体育盛会圆满结束。

独具匠心的奥运村，令人惊叹的比赛场馆，非凡卓越的组织工作……国际奥委会主席巴赫用"真正无与伦比"来盛赞这场"伟大的盛会"。

北京冬奥会的成功，正是党领导人民推动经济社会发展取得历史性成就、发生历史性变革的浓缩写照，是以"十个明确"为核心内容的习近平新时代中国特色社会主义思想科学指引的必然结果。

★ 2022年2月20日晚,北京第二十四届冬季奥林匹克运动会闭幕式在国家体育场举行。图为焰火表演。(新华社记者曹灿摄)

伟大思想引领伟大事业,实践创新推动理论创新。

在庆祝改革开放40周年大会上,习近平总书记曾指出,我们要强化问题意识、时代意识、战略意识,用深邃的历史眼光、宽广的国际视野把握事物发展的本质和内在联系,紧密跟踪亿万人民的创造性实践,借鉴吸收人类一切优秀文明成果,不断回答时代和实践给我们提出的新的重大课题,让当代中国马克思主义放射出更加灿烂的真理光芒。

习近平新时代中国特色社会主义思想正是深刻总结并充分运用党成立以来的历史经验,从新的实际出发,以全新视野深化了对共产党执政规律、社会主义建设规律、人类社会发展规律的认识。

2020年3月,之江大地春寒料峭。

疫情发生后,习近平总书记首次实地考察复工复产。在世界货物吞吐量第一大港舟山港,总书记一路深入调研,进行着深邃的思考。

如何准确识变、科学应变、主动求变?

考察后不久,习近平总书记作出重大决策:"构建以国内大循环为主体、国内国际双循环相互促进的新发展格局"。党的第三个历史决议,将这一重大决策纳入"十个明确"。

与伟大实践相结合,与时代发展同进步。

在党的十九大报告概括的"八个明确"基础上,党的十九届六中全会用"十个明确"对习近平新时代中国特色社会主义思想的核心内容作出进一步概括。

一系列战略思想和创新理念,是党对中国特色社会主义建设实践和理论创新的成果。

2022年1月27日,在山西瑞光热电有限责任公司考察调研时,习近平总书记谈到煤炭清洁化利用问题,明确提出要加快绿色低碳技术攻关,持续推动产业结构优化升级。

这是近半年来,总书记地方考察期间第三次调研能源企业。

绿色低碳,事关长远和全局。一系列考察与会议,着眼解决关系社会主义现代化强国建设的战略问题,习近平总书记以深远的战略眼光,作出战略部署,强调"完整准确全面贯彻

★ 在甘肃省敦煌市向西约 20 公里处,被称为"超级镜子发电站"的首航高科敦煌 100 兆瓦熔盐塔式光热电站在戈壁滩上闪耀。电站内的 1.2 万多面定日镜以同心圆状围绕着 260 米高的吸热塔,镜场总反射面积达 140 多万平方米,设计年发电量达 3.9 亿千瓦时,每年可减排二氧化碳 35 万吨,是我国目前建成规模最大、吸热塔最高、可 24 小时连续发电的 100 兆瓦级熔盐塔式光热电站。(新华社记者马希平摄)

新发展理念""坚定不移走生态优先、绿色低碳的高质量发展道路""如期实现碳达峰、碳中和目标"。

立足时代之基,回应时代之问,引领时代之变。

2013 年 11 月 26 日,在山东曲阜的孔府和孔子研究院参观考察时,习近平总书记指出,"一个国家、一个民族的强盛,总是以文化兴盛为支撑的"。

站在坚定文化自信、实现民族复兴的高度,习近平总书记为传承发展中华优秀传统文化注入固本培元、立根铸魂的思想力量。

万物有所生,而独知守其根。

在庆祝中国共产党成立100周年大会上,习近平总书记首次提出,坚持把马克思主义基本原理同中国具体实际相结合、同中华优秀传统文化相结合。

立足中华民族伟大复兴战略全局,植根广袤中国大地和中华文化沃土,习近平新时代中国特色社会主义思想将对中华优秀传统文化地位和作用的认识提升到崭新高度,实现了马克思主义思想精髓与中华优秀传统文化精神特质的融会贯通。

思想如永恒灯塔,指引壮阔新征程。

2022年新年伊始,中央党校(国家行政学院)礼堂座无虚席。省部级主要领导干部学习贯彻党的十九届六中全会精神专题研讨班开班式在这里举行。

在这堂面向"关键少数"的"开年第一课"上,习近平总书记向全党发出号召:

"更好把坚持马克思主义和发展马克思主义统一起来,坚持用马克思主义之'矢'去射新时代中国之'的',继续推进马克思主义基本原理同中国具体实际相结合、同中华优秀传统文化相结合,续写马克思主义中国化时代化新篇章。"

伟大思想与非凡事业彼此辉映，科学理论与伟大实践相互激荡。新征程上，以习近平新时代中国特色社会主义思想为指南，14亿多中国人民必将创造中华民族新的历史辉煌，书写人类文明新的精彩华章。

（新华社北京2022年2月23日电　新华社记者张晓松、胡浩、史竞男、丁小溪、黄玥）